Belgrad

Matthias Pasler

Inhalt

Das Beste zu Beginn
S. 4

Das ist Belgrad
S. 6

Belgrad in Zahlen
S. 8

Was ist wo?
S. 10

Augenblicke
Nah am Wasser gebaut
S. 12
Die inneren Werte
S. 14
Serbische Zeitrechnung
S. 16

Ihr Belgrad-Kompass
15 Wege zum direkten Eintauchen in die Stadt
S. 18

Das alte Herz schlägt kräftig – **Kosančićev Venac**
S. 20

Matt zu Hochglanz – **Savamala**
S. 24

Wir treffen uns am Pferd – **der Platz der Republik**
S. 29

Aus dem Geld- in den Tragebeutel – **die Kneza Mihaila**
S. 33

Der historische Kern – **die Festung**
S. 37

Geschichte und Moderne – **Dorćol**
S. 41

Wo die Boheme zu Hause ist – **die Skadarska**
S. 45

Sozialistischer Realismus – **der Nikola-Pašić-Platz**
S. 49

 Moskau in der Mitte – **Terazije**
S. 53

 Tempel und Tomaten – **Vračar**
S. 56

 Titos letzte Ruhe – **Dedinje**
S. 60

 Sommerliches Urlaubsparadies – **Ada Ciganlija**
S. 64

 Brutalismus im Grünen – **Novi Beograd**
S. 68

 Serbiens Moderne – **Museum für zeitgenössische Kunst**
S. 71

Fließende Stadtgrenzen – **Zemun**
S. 74

Belgrads Museumslandschaft
S. 78

Belgrads Narben
S. 81

Das alternative Belgrad
S. 82

Pause. Einfach mal abschalten
S. 84

 In fremden Betten
S. 86

 Satt & glücklich
S. 90

 Stöbern & entdecken
S. 98

 Wenn die Nacht beginnt
S. 104

Hin & weg
S. 110

O-Ton Belgrad
S. 114

Register
S. 115

Abbildungsnachweis, Impressum
S. 119

Kennen Sie die?
S. 120

Das Beste zu Beginn

Fahr'n, fahr'n, fahr'n mit der Straßenbahn
Auch wenn Belgrad sich hervorragend zu Fuß erkunden lässt, lohnt sich eine Fahrt mit einer der (alten!) Straßenbahnen. Die sind mit 50–100 RSD für 90 Minuten nicht nur angenehm günstig, sondern geben auch einen sehr guten Einblick in den Stadtalltag. Allerdings sollten Sie Zeit mitbringen.

Hinterhofromantik
In nur wenigen Städten macht es so viel Freude, sich in den Straßen zu verlieren. Seien Sie ruhig neugierig und Sie werden hinter unscheinbaren Haustüren und in unaufgeregten Passagen immer wieder außergewöhnliche Bars und Biergärten oder einfach charmant-schrammelige Hinterhöfe entdecken.

Popcorn to go
Beim Spaziergang durch die Innenstadt wird Ihnen recht bald der Duft von Popcorn, der immer irgendwie in der Luft liegt, in die Nase steigen. Popcorn wird in Belgrad nämlich nicht nur im Kino, sondern gerne auf der Straße gesnackt und an diversen Ständen verkauft. Aber aufgepasst: In Serbien isst man Popcorn salzig.

Auf Wohl und Gesundheit
Was Russland sein Wodka, das ist Serbien (und dem ehemaligen Jugoslawien) sein Rakija. Der Obstbrand, der hierzulande als medizinisches Allheilmittel gilt, hat mindestens 40 %, erreicht hausgemacht aber auch schon mal 50 bis 60 %. Die beliebtesten Früchte zur Herstellung sind Zwetschgen – aber möglich ist alles!

Serbische Gastfreundschaft
Mein allererster Abend in der Stadt endete an einem Tresen, an dem ich auch nach Ladenschluss vom Barbesitzer und seiner Freundesclique zum Trinken eingeladen wurde. Die Belgrader sind nicht nur kontaktfreudig und herzlich, die jungen sprechen auch besser Englisch als die meisten Deutschen.

Das Beste zu Beginn

Guerilla-Veganismus
Grundlegende Zutat der serbischen Küche ist Fleisch. Wer sich vegetarisch oder vegan ernährt, hat es entsprechend schwer. Doch ganz langsam wird es einfacher. Es gibt immer mehr Lokale mit vegetarischer und sogar veganer Karte, und es tauchen immer häufiger »GO VEGAN«-Graffiti im Stadtbild auf.

Wunderland der Einzelstücke
Hinter den Fassaden der Wohnblöcke an der Terazije versteckt sich das Belgrade Design District (▶ S. 98), eine Ansammlung kleiner Läden, die u. a. Schmuck, Kleidung und Naturkosmetik anbieten, alles mit Hand und Herz hergestellt. Der mitten im Stadtzentrum quasi schalldicht eingebaute Hof eignet sich auch super für eine Kaffeepause.

Zur Vorbereitung
Wollen Sie sich vor Ihrer Reise einen ersten Eindruck der Stadt verschaffen, seien Ihnen der Film »Parada« (2011, Berlinale-Publikumspreis) und die 2. Staffel der Netflixserie »KLEO« (2024) ans Herz gelegt. Nur auf Englisch erhältlich, aber witzig und pointiert sind auch die Illustrationen in »Snippets of Serbia« (Komshe 2015) der Amerikanerin Emma Fick.

Schwof on the Water
Wie viele Balkanmetropolen hat auch Belgrad ein nimmermüdes Nachtleben. Was dieses hier aber besonders macht, sind die diversen Clubs auf Flößen, den sogenannten ›Splavs‹. Zwar tanzen Sie auf diesen Partybooten öfter in gelackter Gesellschaft, aber Feiern auf dem Wasser mit Blick auf die erleuchtete Altstadt ist schon außergewöhnlich.

Eigentlich sollte Belgrad nur eine weitere Station auf meiner Balkanreise sein. Doch dann habe ich mich sowohl in die als auch in der Stadt verliebt. Ich blieb zwei Wochen statt drei Tage und kam wieder – öfter und länger. Bis plötzlich vier Jahre um waren.

Fragen? Erfahrungen? Ideen?
Ich freue mich auf Post.

Mein Postfach bei DuMont:
pasler@dumontreise.de

Das ist Belgrad

Serbien oder doch Sibirien…? Immer wieder trifft man auf Menschen – vor allem (US-amerikanische) Grenzbeamte –, denen es schwerfällt, das Land um Belgrad korrekt zu verorten. Das war einmal anders, als es noch Herz der »Sozialistischen Föderativen Republik« Jugoslawien war. Aber die Zeichen stehen auf Aufbruch und deuten schwer darauf hin, dass sich auch Serbien seinen Platz zurückerobern wird.

Der Umbruch ist jetzt
Wenn Sie die ›weiße Stadt‹ (so die Übersetzung des serbischen Namens Beograd) das erste Mal in Augenschein nehmen, wird Ihnen schnell auffallen, dass dieses namensgebende Weiß ein wenig angegraut daherkommt. Die Geschichte hat der Metropole durchaus einiges abverlangt, während sie hier immer und immer wieder vorbeikam. Doch schon der zweite Blick zeigt, dass der erste bekanntlich täuschen kann. Tatsächlich hat sich Belgrad den Staub der Jahrtausende wenig beeindruckt von den Schultern geklopft und macht einfach weiter – nur eben anders. Alte Trolleybusse bahnen sich mehr oder weniger lautlos ihren Weg durch die Straßen, die Luft ist durchzogen von Popcorn-Duft und Zigarettenrauch, der Design-Nachwuchs baut Möbel aus Donautreibholz und quietschrosa Graffiti-Schweinchen an den Hauswänden rufen zum Veganismus auf. Belgrad sitzt in der Slawenhocke zwischen Tradition und Fortschritt, und das durchaus bequem.

Kaffee kennt keine Kompromisse
Es ist der dritte Blick, auf den sich die meisten Belgrad-Neulinge dann richtig verknallen. Denn hinter den Fassaden schwindenden Glanzes und beginnenden Wandels findet sich die Magie dieser Stadt. Quasi in jedem viereinhalbten Hinterhof gibt es eine coole Bar unter freiem Himmel mit leuchtenden Gimmicks, Retro-Wohnzimmercharme oder Akustik-Coverband mit Gitarre in der einen und Bier in der anderen Hand. Es ist die Stadt in der Stadt – oder dahinter oder darunter –, der neue kreative Untergrund, der Belgrad so sehens-, lebens- und liebenswert macht. Wo die politische oder finanzielle Situation eine schwierige ist, werden Menschen halt kreativ. Und die (jungen) Hauptstädter sind darin wahre Profis – wie auch in der Entschleunigung. Pünktlichkeit ist eher Spleen als Usus (tatsächlich hat das Serbische nicht einmal ein Wort dafür). Das liegt zum einen an dem ohne Fahrplan funktionierenden ÖPNV, aber auch an der hiesigen Mentalität, der eine gehörige Portion ›Dann eben nicht‹ zugrundeliegt. Ein Kaffee? Geht immer! Mit Freunden, Familie, Kolleginnen, Nachbarn. Eingeladen wird mit einer höflich-direkten Ansage und zu besprechen gibt es immer etwas – Alltag, Politik oder Basketball. Klar, eine Fußball-WM findet auch auf serbischen Flatscreens statt, doch an dem Ausscheiden aus der Basketball-EM 2022 gegen Italien wird man hier noch lange zu knabbern haben. Da hilft auch der hier wie im ganzen Balkan hervorragend kultivierte Sarkasmus nicht mehr weiter.

Das ist Belgrad

Und das isst Belgrad: mehr Veganes, auch wenn die serbische Küchenkultur noch immer hauptsächlich auf Fleisch baut.

Wo Serbien am modernsten ist

Man arrangiert sich, wie man es immer getan hat. Es gibt vielleicht nicht alles, aber das, was es gibt, reicht zum Glücklichsein. Kein Wunder also, dass in den Wochenendnächten vor allem junges Partyvolk die lokalen Kneipen (*kafanas* genannt) füllt und zu Livemusik auf Akkordeon und Gitarre serbische Volksliedklassiker mitgrölt. Die übergroße Tito-Büste im Hintergrund scheint durch die Staubschicht hindurch fast zu lächeln. Und doch ist es diese junge Generation, die mit jedem Schritt in eine neue Richtung ein weiteres Stück Weg in die Zukunft ebnet. Sie lässt sich nichts gefallen, sie singt, tanzt und studiert, ist weltoffen und spricht einwandfreies Englisch. Und ihre Stadt tut es ihnen gleich. Es gibt immer mehr Direktflüge von und nach Belgrad, arabische Millionen machen die Stadt mit Großbauprojekten wie der Belgrade Waterfront zum modernen Hub, und Straßen, Plätze und Museen werden aufwendig renoviert – nicht immer unkontrovers. Und auch wenn das Premierministeramt in Serbien vor allem eine repräsentative Funktion hat: Mit der aus Belgrad stammenden Ana Brnabić hatte Serbien von 2017 bis 2024 nicht nur erstmals eine Premierministerin, sondern auch eine, die offen lesbisch lebt.

Wie Berlin, nur später

Nicht dass die Hauptstädter viel Aufhebens darum gemacht hätten. Sie fragen mich noch immer mit einem Lächeln irgendwo zwischen Stolz und Unverständnis, wieso es mir hier eigentlich so gut gefällt, dass ich geblieben bin – erst recht als Berliner. Ich mag manchen nicht alt genug sein, um das sagen zu dürfen, aber ich sage es trotzdem immer wieder: Das Belgrad der Gegenwart atmet die Aufbruchstimmung des Ost-Berlins der 1990er-Jahre. Die Zeit des Winterschlafes ist vorbei, der Frühling ist gekommen, die Ideen schlagen aus. Und wer tief einatmet, der nimmt nicht nur Popcorn und Zigarettenqualm wahr, sondern auch das.

Belgrad in Zahlen

2,7
km² Fläche misst Ada Ciganlija. Damit ist das Sport- und Erholungsgebiet größer als Berlins Tiergarten (2,1 km²), reicht aber nicht an den Englischen Garten in München (3,8 km²) heran.

5:53
Stunden dauerte das Grand-Slam-Finale 2012 zwischen Rafael Nadal und dem gebürtigen Belgrader Novak Đoković – Weltrekord!

7,5
km misst Belgrads längste Straße, der Bulevar kralja Aleksandra.

15
Namen hatte Belgrad seit der ersten Siedlung vor rund 7000 Jahren, darunter Alba Bulgarica, das elfengleiche Nándorfehérvár und Prinz-Eugen-Stadt.

115

Kriege wurden bereits in und auch um Belgrad geführt. In deren Verlauf wurde es 44-mal dem Erdboden gleichgemacht.

511

m über dem Meeresspiegel misst der Berg Avala am Rande Belgrads und übertrifft die serbische Definitionshöhe eines Berges somit um exakt 11 m.

verschiedene Vogelarten brüten und leben jahreszeitenabhängig auf der Großen Kriegsinsel (Veliko Ratno Ostrvo), die deshalb auf der internationalen Liste der Vogelschutzgebiete steht.

4000

m³ Donauwasser fließen in der Sekunde an Belgrad vorbei. Das ist deutlich mehr als beispielsweise in Wien (1900 m³/s) und Budapest (2350 m³/s).

200

m hoch ist der Pylon der Ada-Brücke. Damit war sie bei ihrer Fertigstellung 2012 die größte einhüftige Schrägseilbrücke der Welt.

75 000

m² Grundfläche hat das flächenmäßig größte Gebäude der Stadt, der Palast Serbiens.

269

Züge hatte 1989 in Belgrad das längste Schachturniermatch aller Zeiten. Nach über 20 Stunden endete die Partie Ivan Nikolić–Goran Arsović mit einem Remis.

3 500 000 000

Dollar kostete das Bauprojekt Belgrade Waterfront, zu dem Wohn-, Büro- und Shoppingflächen sowie eine moderne Uferpromenade an der Save gehören.

Was ist wo?

Als ehemalige Hauptstadt Jugoslawiens ist Belgrad noch immer die bevölkerungsreichste Metropole der sechs heutigen Nachfolgestaaten. Doch auch wenn sich das gesamte Stadtgebiet weit erstreckt, lässt sich der zentrale Teil – flankiert von den Ufern der Donau und der Save – problemlos erlaufen.

Stari Grad
Das Zentrum Belgrads, dessen Name schlicht Altstadt bedeutet, liegt eingerahmt zwischen den Flüssen Donau im Norden und Save im Westen. In seiner Mitte finden Sie den **Platz der Republik** (म E 5) mit dem Serbischen Nationalmuseum, dem Nationaltheater und der Statue des reitenden Fürsten Mihailo Obrenović, zweimaliger Herrscher Serbiens. Dieser Haupttreffpunkt ist der ideale Startpunkt für viele Erkundungstouren. Von hier aus erreichen Sie u. a. die Straße **Skadarska** (म F 4) mit ihrem Bohemecharme im Osten, den Platz und gleichnamigen Boulevard **Terazije** (म E 5/6) im Süden sowie über die Einkaufsstraße **Kneza Mihaila** (म D/E 4/5) in nordwestlicher Richtung die Belgrader **Festung** und den dazugehörigen **Park Kalemegdan** (म B–D 2–4). Folgen Sie in nordwestlicher Richtung der Vase Čarapića, gelangen Sie zur **Universität** und dem **Studentski park** (म D/E 4), wo diverse Buslinien starten. Im Südwesten liegt mit **Zeleni venac** (म D 5/6) nicht nur ein belebter Knotenpunkt, sondern auch der gleichnamige Markt, auf dem täglich ab 6 Uhr gehandelt wird.

Dorćol und Savamala
Im Norden Stari Grads befindet sich der Stadtteil **Dorćol** (म C–F 1–3), in dem das älteste Wohnhaus Belgrads steht. In den hübschen und teils steilen Straßen gibt es außerdem unzählige Geschäfte, Lokale und Bars zu entdecken. Im Süden Stari Grads liegt das Viertel **Savamala** (म C–E 4–7), das in den letzten Jahren eine umfangreiche Verwandlung durchgemacht hat. Vom sozial schwachen Bezirk zum kreativen Zentrum zum hochmodernen Neubauviertel mit dem alles überragenden **Belgrade Tower.** Inzwischen finden sich nur in der **Braće Krsmanović** (म C 6) noch kunstvoll gestaltete Hauswände und alternative Ausgeh-Locations.

Tašmajdan
Folgen Sie vom Platz der Republik der Dečanska, kommen Sie zum **Nikola-Pašić-Platz** (म E/F 5/6) mit dem serbischen Parlament. Weiter in südöstlicher Richtung über den Bulevar kralja Aleksandra passieren Sie den **Park Tašmajdan** (म F/G 6/7), einen der schönsten und größten der Stadt und Namensgeber des umliegenden Viertels. Die Grünanlage hat eine bewegte Geschichte hinter sich – als Friedhof, Hauptquartier des serbischen Aufstands gegen das Osmanische Reich und Hauptziel der NATO-Bombardierung 1999. Folgen Sie dem Bulevar weiter, erreichen Sie den **Kyrill-und-Method-Park**, unter dem sich Belgrads einziger Untergrundbahnhof **Vukov Spomenik** (म H 7/8) befindet – in 40 m Tiefe unter der Erde ist er immerhin einer der tiefsten in Europa.

Vračar
Zwischen dem **Bulevar kralja Aleksandra** im Nordosten und der **Kralja Milana** und dem Bulevar oslobođenja, mit dem Knotenpunkt **Trg Slavija** dazwischen, im Westen befindet sich der flächenmäßig kleinste Bezirk Belgrads **Vračar** (म F–H 6–10). Der beherbergt vor allem den **Tempel des Heiligen Sava** (म F/G 9), dessen

Was ist wo?

türkisfarbene Kuppel bereits in den umgebenden Straßen immer wieder hervorlugt. Das Bauwerk, an dem (mit Pausen) insgesamt fast 85 Jahre gearbeitet wurde, ist Stand 2024 die größte Kirche Südosteuropas und eines der größten orthodoxen Gotteshäuser der Welt. Unweit finden Sie außerdem den **Kalenić-Bauernmarkt** (Karte 3, G/H 9), den größten der ganzen Stadt. Vor allem lohnt sich Vračar aber aufgrund seiner zahlreichen mehr oder weniger versteckten Cafés.

Dedinje und Ada Ciganlija

Etwas südlicher liegt der Stadtteil **Dedinje** (Karte 3, C 2), der sich sowohl geografisch als auch gesellschaftlich ein wenig absetzt. Auf dessen leicht erhöhtem Gebiet finden Sie gehobene Wohnviertel für Politik und Prominenz, aber auch das **Königliche Schloss** und das **Haus der Blumen,** Mausoleum des jugoslawischen Staatspräsident Josip Broz Tito. Auf der anderen Seite des **Topčider-Parks** im Westen liegt der Fluss Save und darauf die Halbinsel **Ada Ciganlija** (Karte 3, B/C 2), Belgrads beliebtes Urlaubs-, Erholungs- und (Wasser-)Sportzentrum. Hier finden sich Anlagen für so ziemlich jede sportliche Aktivität, die man sich vorstellen kann – von Fußball und Rudern bis zu Skifahren.

Novi Beograd und Zemun

Auf der anderen Seite der Save existiert seit den späten 1940er-Jahren der größte und gleichzeitig grünste Stadtteil **Novi Beograd** (Karte 3, B/C 1/2), also Neu-Belgrad. Bei Wohnungssuchenden ist der Bezirk aufgrund der besser ausgestatteten Wohnblöcke und der vielen modernen Einkaufszentren sehr beliebt. Auch das **Museum für zeitgenössische Kunst** (A/B 4) befindet sich hier. Durchqueren Sie Novi Beograd, erreichen Sie schließlich **Zemun** (Karte 3, B 1). Das ehemals eigenständige Fischerdorf, das Belgrad in den 1950er-Jahren eingegliedert wurde, hat sich bis heute seine Individualität bewahrt und eignet sich großartig für einen ›Urlaub im Urlaub‹.

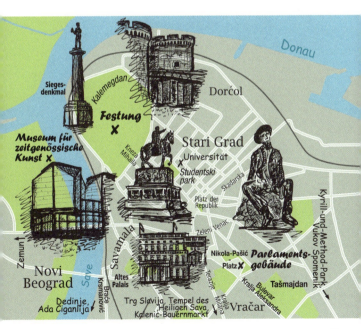

Augenblicke

Nah am Wasser gebaut

Wenn das Leben ein Fluss ist, dann hat Belgrad gleich zwei davon: Europas zweitlängster Strom, die Donau, und ihr wasserreichster Zulauf, die Save, treffen sich nicht nur in Serbiens Hauptstadt, sie nehmen sie geradezu in die Flussarme. Wenig überraschend, dass ein großer Teil des hiesigen Lebens an und auf dem Wasser stattfindet. Und wo es nicht gerade Club-, Restaurant- oder Hotelflöße gibt, da liefern die Gewässer obendrein die beste Erholung, wie hier beim Schwänefüttern am Donaukai.

Die inneren Werte

Um die 30 Märkte gibt es in Belgrad, die meisten davon für Lebensmittel. Trotz moderner Supermarktfilialen, überall in der Stadt kauft die Bevölkerung ihr Obst, Gemüse und Fleisch noch immer fleißig direkt vom Erzeuger. Dabei ist der günstigere Preis nur die eine Seite. Die andere ist eine alte Überzeugung, die bis heute in Serbien herrscht: Die besten Früchte sind die hässlichen mit Flecken und Beulen, die haben einfach mehr Geschmack. Und wo der Wurm drin ist, da sind keine Pestizide dran!

Serbische Zeitrechnung

So strikt wie diese Uhr der Traditionsfirma Insa sie anzeigt, ist die Zeit in Belgrad ganz und gar nicht. Auf sämtliche Zeitangaben dürfen gern 10 bis 20 Minuten draufgeschlagen werden, einen Busfahrplan gibt es nicht wirklich und eine Stunde Verspätung ist noch kein Grund zur Sorge. Das hat auch praktische Seiten, da Restaurants nicht auf die Minute einen reservierten Tisch freigeben, doch wer pünktlich ist, hadert etwas mit diesem sehr flüssigen Zeitmodell. Insa stellt übrigens auch Wasserzähler her – ein Schelm, der Böses dabei denkt…

Ihr Belgrad-Kompass

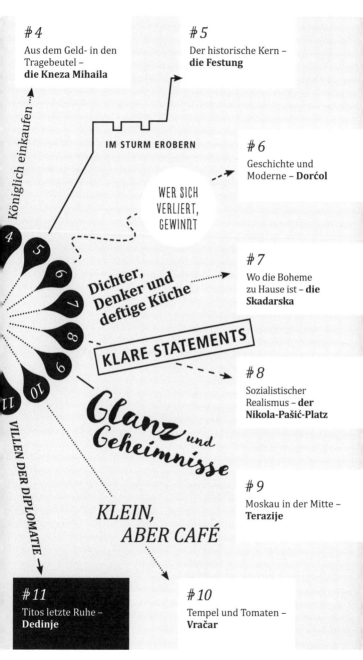

Das alte Herz schlägt kräftig – **Kosančićev Venac**

Zwar bezeichnet der Name Stari Grad (Altstadt) den gesamten Bezirk, der sich zwischen Donau und Save schmiegt, doch dieser Teil davon ist die wahre Altstadt und deren Silhouette das älteste Wahrzeichen der heutigen Metropole. Zwischen Pflasterstraßen und farbenfroh renovierten Gebäuden warten Sehenswürdigkeiten und Kreativhandwerk.

Sonne im Gesicht, schöner Blick auf die Stadt: So geht Frühling in den Straßencafés an der Kosančićev Venac.

Die älteste Wohngegend Belgrads außerhalb der Festung entstand um 1830 auf den Überresten einer altrömischen Nekropole. An deren Ostseite liegt der **Woiwod-Vuk-Park** 1 (Park Vojvode Vuka), einer der kleinsten im Stadtzentrum. Benannt wurde er nach dem Heerführer

Kosančićev Venac #1

Vojin Popović, dessen bronzenes Ebenbild den Park schmückt. Die Hauptstädter interessiert das weniger, sie nennen ihn einfach Palace-Park nach dem nahen Hotel. Dem Park gegenüber liegt das **Museum für angewandte Kunst** 2 (Muzej primenjene umetnosti), dessen Sammlung aus 37 000 Objekten sich der Entwicklung des Kunstgewerbes über einen Zeitraum von 2400 Jahren widmet. Die ältesten Ausstellungsstücke sind Münzen aus dem antiken Griechenland des 4. Jh. v. Chr.

Fürstinnen und Designerinnen

Den Wojwod-Vuk-Park im Rücken folgen Sie der kleinen Fußgängerzone nach Westen bis zur Querstraße Pop-Lukina. Mit wenigen Schritten mehr erreichen Sie die eindrucksvolle historische **Residenz der Fürstin Ljubica** 3 (Konak Kneginje Ljubice). Der 1831 erbaute kleine Palast sollte als Luxussitz der Obrenović-Dynastie dienen. Der osmanische Stützpunkt in der nahe gelegenen Festung war dem serbischen Fürst Miloš jedoch ein unliebsamer Nachbar und so überließ er die Residenz vornehmlich seiner Frau. Heute können Sie hier in originalem Ambiente diverse Alltagsgegenstände aus dem 19. Jh. bewundern, viele davon aus dem Besitz der herrschenden Obrenović-Dynastie oder anderer prominenter Familien.

In direkter Umgebung der Residenz haben sich inzwischen ganz andere hohe weibliche Persönlichkeiten eingerichtet. Das Viertel ist nämlich Zuhause diverser kreativer Designerinnen, deren Werke Sie quasi direkt aus der Handarbeit erwerben können.

Wo früher noch heute ist

Vor den Toren des Palasts liegt mit der Kralja Petra eine der bedeutendsten und ältesten Straßen Belgrads. Hier befand sich im 19. Jh. die erste offizielle Apotheke der Stadt, von denen es heute gefühlt alle 15 m eine gibt. Seit 1823 schmückt sie die als Holzkonstruktion im Balkanstil *(bondruk)* erbaute **Kafana »?«** 1, in der ab 1834 der erste Billardtisch der Stadt stand. An dieser Stelle sei Ihnen eine Grundregel für Belgrad mitgegeben: Traditionell serbische Restaurants sind grundsätzlich immer eine Mahlzeit wert (sofern Sie es deftig mögen) – das ›Fragezeichen‹ macht

Lauschangriff: Im Vorfeld des Attentats von Sarajevo im Jahr 1914 gehörte der **Woiwod-Vuk-Park** 1 zu den Treffpunkten der Revolutionsbewegung **Junges Bosnien (Mlada Bosna),** die aus Angst belauscht zu werden, Innenräume wie die umliegenden Kafanas mied. Es kursiert die (unbestätigte) Vermutung, dass das Attentat in diesem Park beschlossen wurde.

#1 Kosančićev Venac

da keine Ausnahme und bietet fast allabendlich traditionelle Musik.

Die **Kathedrale des Heiligen Michael** 4 (Saborna crkva Svetog Arhangela Mihaila), im Volks-

INFOS/ÖFFNUNGSZEITEN
Museum für angewandte Kunst 2:
Vuka Karadžića 18, T 011 262 68 41, www.mpu.rs, Mo–Sa 11–19 Uhr, 400 RSD
Residenz der Fürstin Ljubica 3:
Kneza Sime Markovića 8, T 011 263 82 64, www.mgb.org.rs, Di–Do, Sa 10–17, Fr 10–18, So 10–14 Uhr, 200 RSD
Kathedrale des Hl. Michael 4: Kneza Sime Markovića 3, T 011 263 66 84, @saborni.hram.beograd, tgl. 7–20 Uhr, Eintritt frei
Museum der serbisch-orthodoxen Kirche im Patriarchenpalast 5: Kneza Sime Markovića 6, T 011 302 51 01, www.spc.rs, Mo–Fr 9–16 Uhr, 100 RSD

KULINARISCHES FÜR ZWISCHENDRIN
Die **Kafana »?«** 1 (Kralja Petra 6, T 011 263 54 21, Mo–Mi 12–21, Do 12–22, Fr–So 10–22 Uhr | €) ist eine der ältesten Belgrads und die Küche entsprechend traditionell und deftig. Schicker und teurer isst man im **Langouste** 2 (Kosančićev venac 29, T 064 813 20 15, http://langouste.rs, Mo–Sa 12–24 Uhr | €€€). Um die Ecke gibt es sogar noch fantastische mexikanische Küche bei **La Taqueria** 3 (Gračanička 7, T 069 22 17 300, www.lataqueria.rs, So–Do 14–23, Fr–Sa 14–24 Uhr | €) und grandiose neapolitanische Pizza bei **Giovanni's** 4 (Gračanička 11, T 069 330 00 55, giovannispizzeria.rs, tgl. 11–23 Uhr | €).

LOKALES DESIGN UND HANDWERK
Bei **Ana Popović Shoes** 1 (Kneza Sime Markovića 10, T 060 055 76 19, anapopovicshoes.com, Mo–Fr 12–20, Sa 12–17 Uhr) finden sich handgemachte Schuhe, Mode, Taschen und Geschenkartikel mit einem Hauch von New York. Echte Belgrader Designermode gibt es außerdem in der kleinen **Krug Butik** 2 (Pop-Lukina 1, @krugbelgrade, Mo–Fr 12–19, Sa 12–17 Uhr) und im schicken **Bleyzer** 3 (Zadarska 7, T 060 630 04 00, bleyzer.rs, Mo, Di, Do–Sa 12–18, Mi 12–20 Uhr), wo auch vor Ort geschneidert wird. Uriges hat hingegen das **Antiquariat Rhino** 4 (Čubrina 10, Mo–Fr 11–22, Sa 10–15 Uhr).

Cityplan 2: A/B 2/3, B 3 | Straßenbahn 2, 11 | **Bus** 15, 16, 27E, 35, 60, 65, 67, 68, 71, 72, 75, 77, 84, 95, E6, EKO1: Brankov Most

Kosančićev Venac #1

mund nur als ›die Kathedrale‹ bekannt, ist eines der wenigen erhaltenen Gebäude aus der ersten Hälfte des 19. Jh. Was die zweitälteste Kirche Belgrads u. a. auszeichnet, sind ihre Schatzkammer und die Grabstätten zahlreicher Herrscher, darunter Fürst Mihailo III., aber auch die des Philologen und Dichters Vuk Karadžić.

Gegenüber der Kathedrale steht der massive **Patriarchenpalast** 5 (Patrijaršija), der in den 1930er-Jahren als Zentrum der serbisch-orthodoxen Kirchenbehörden errichtet wurde, als das er bis heute dient. Außerdem befinden sich in dem Gebäude das **Museum der serbisch-orthodoxen Kirche** und die Patriarchen-Bibliothek.

Wurzeln mit Aussicht

Beim Bummel durch die **Kosančićev venac**, der das Viertel seinen Namen verdankt, wird die aufwendige Rekonstruktion, die seit Jahren vor sich geht, am deutlichsten: nagelneue Pflastersteine im altertümlichen Look sowie kräftige und frische Farben an alten Fassaden. Trinken Sie einen weiteren Kaffee (Sie wollen ja schließlich belgradtypisch leben) mit herrlicher Aussicht auf Save und Novi Beograd.

Weiter südlich stehen die Grundmauern der **Alten Serbischen Nationalbibliothek** 6 (Stara Narodna Biblioteka Srbije). Von den Bomben der Nazis 1941 schwer getroffen, brannte sie samt ca. 500 000 Büchern, 1500 mittelalterlichen Schriften auf Kyrillisch und Briefwechseln bedeutender serbischer Persönlichkeiten ab. Im Zuge von Ausgrabungen fand man hier noch in den 1970er-Jahren Zehntausende verkohlter Bücher, die der neuen Nationalbibliothek übergeben wurden. Seit 2012 finden in den Grundmauern immer wieder Literaturevents unter freiem Himmel statt.

Im Zuge der Rekonstruktion und Renovierung von Kosančićev Venac lag das Hauptaugenmerk auf der Stabilisation des Bodens, da der gesamte Abschnitt am Hang in Richtung Save anfällig für Massenbewegungen ist. Wenn Sie genau hinsehen, erkennen Sie eine leichte Neigung der Kathedrale des Heiligen Michael.

→ UM DIE ECKE

…befindet sich mein persönliches Lieblingswandgemälde und eines der bekanntesten ganz Belgrads. Folgen Sie der Pop-Lukina nach Süden bis zu einem Parkplatz. An der Hausfassade hinter Ihnen prangt das Werk **Urban Dilemma** 7 des italienischen Künstlers Blu. Viel zu erklären ist nicht an der so schlichten wie eindrucksvoll umgesetzten Aussage. Inwiefern sie auch auf Belgrad zutrifft, können Sie in den nächsten Tagen selbst entscheiden.

An die 20 000 heimatlose Hunde streunen durch Belgrads Straßen. Entsprechend groß ist da die Freude, jemanden zu sehen, den man kennt.

Matt zu Hochglanz – **Savamala**

Die Umgebung des Save-Ufers hat eine komplexe Geschichte hinter sich – einst einer der ärmeren Stadtteile wird sie nun von der auffallend modernen und schicken Promenade Belgrade Waterfront beherrscht. Zwischen diesen Extremen stand eine Wiederauferstehung als Kreativviertel, die den Bezirk sogar schon einmal auf die Liste der zehn inspirierendsten Orte der Welt des britischen »Guardian« gebracht hat.

Die Fassade des Magacins ist ein wenig das Streetart-Äquivalent zum Ganzkörper-Tattoo.

Noch Ende der 1990er- und Anfang der 2000er-Jahre war Savamala quasi ausgestorben. Entstanden als serbische Siedlung namens Sava Mahala (türkisch für ›Save-Gemeinde‹), als die Österreicher im frühen 18. Jh. die Belgrader Festung erobert hatten, verlegte Fürst Miloš Ob-

renović ein Jahrhundert später den Handelshafen der Stadt hierher und das Gebiet erblühte. Ende des 19. Jh. bestand Savamala aus unzähligen Villen und Palais, doch der Zweite Weltkrieg vertrieb die serbische und jugoslawische Oberschicht von hier und der Bezirk begann zu verfallen.

Kulturelle Reanimation

Das alles änderte sich 2009 mit der Eröffnung des **Kulturzentrums GRAD** 1 (Kulturni centar Grad) in einem alten Lagerhaus von 1884 im Herzen Savamalas. Es entstand ein urbaner Treffpunkt für Künstler, Schreibende, Musiker und andere Kreative, die seither hier ausstellen, lesen, spielen und ihrer Fantasie freien Lauf lassen. Es war der erste Schritt in eine neue Richtung, in den Folgejahren eröffneten immer neue trendige Locations, die Savamala einen unerwarteten, aber verdienten Imagewandel bescherten.

Ein weiteres lebendiges Beispiel, dem das KC GRAD den Weg geebnet hat, ist das **Magacin** 2. Das Kulturzentrum hat sich im Magazin einer ehemaligen Verlagsgesellschaft eingerichtet und bringt auf 1000 m² Büros, einen großen Ausstellungs- und Veranstaltungsraum, einen Tanzsaal und ein kleines Kino unter. Schauen Sie auch mal am Morgen vorbei, wenn nichts geöffnet und niemand da ist. Dann bekommen Sie nämlich den besten und ungestörtesten Blick auf die Streetart an den Hauswänden.

Frischer Wind für die Promenade

Ins Auge fallen, oder besser springen einem heute aber eher die zahllosen Neubauten in der direkten Umgebung des alten Savamala. Sie sind das neueste und nicht ganz unumstrittene Kapitel des Stadtteils. Für Milliardensummen arabischer Investoren ist hier ab 2014 die supermoderne und schicke Uferpromenade **Belgrade Waterfront** 4 (www.belgradewaterfront.com) entstanden, u. a. mit luxuriösen Wohn- und Bürogebäuden, der hochaktuellen Protz-Mall **Galerija** (www.galerijabelgrade.com) und natürlich dem brandneuen **Belgrade Tower**, mit 168 m nun das höchste Gebäude und neues Wahrzeichen der Stadt, wenn es nach den Planern geht.

An der Hafenpromenade direkt neben der Brankov-Brücke liegt ein Stück Kriegsgeschichte. Die **SMS Bodrog** 3, ein Monitor der k.u.k.-Donauflottille, feuerte einst einen der ersten Schüsse des Ersten Weltkriegs ab und wurde 2019 aufwendig restauriert. (www.muzej.mod.gov.rs, Di–So 10–17 Uhr, letzter Einlass 16 Uhr, bei schlechtem Wetter geschl.)

#2 Savamala

INFOS/ÖFFNUNGSZEITEN

KC Grad 1: Braće Krsmanović 4, T 011 328 23 70, www.kcgrad.rs, Mo–Do 15–23, Fr–Sa 15–1, So 15–24 Uhr, Eintritt und Veranstaltungen lt. Programm
Magacin 2: Kraljevića Marka 4–8, T 063 839 68 07, @kcmagacin, Eintritt und Veranstaltungen lt. Programm

KULINARISCHES FÜR ZWISCHENDRIN

In **Betonski Brod** 1 (Savsko pristanište bb, Karađorđeva, T 063 888 19 43, www.betonskibrod.rs, tgl. 12–24 Uhr | €) speisen Sie auf einem eleganten Boot mit Holzvertäfelung, es gibt wechselndes Abendprogramm. Koffeinfreuden: Das trendige **Café Rocket Coffee** 2 (Karađorđeva 49b, @rocketcoffee.rs, tgl. 7–22 Uhr) hat nicht nur hervorragende Heißgetränke zu bieten, sondern auch eine Ausrichtung auf internationale Gäste.

KURZES UND GEREIFTES

Die **Shootiranje** 1 (Gavrila Principa 7, So–Do 8–24, Fr/Sa bis 1 Uhr) ist Belgrads erste Shot-Bar. Gepflegter trinkt man in der **Vinoteka** 2 (Karađorđeva 57, Di–Do, So 16–24, Fr/Sa 16–1 Uhr). Bunt ausgehen lässt es sich außerdem im **Baraka** 3 (Karađorđeva 13, T 065 47 00 600, baraka.rs, Fr/Sa 21–2 Uhr), einer nobel-wilden Mischung aus Bar, Restaurant und Club, mit stimmigem Sommergarten und Livemusik.

MEHRRADRUNDEN

Wer Belgrad erkunden und erleben will, hat bei **iBikeBelgrade** 1 zwei Optionen: per Fahrrad, entweder in geführten Gruppen oder autonom mit Leihrad, sowie im jugoslawischen Kultminiwagen, dem Yugo (Karađorđeva 11, T 066 900 83 86, ibikebelgrade.com, yugotour.com, April–Okt. tgl. 10–18 Uhr). Jeweils verschiedene Thementouren im Angebot.

Cityplan: C/D 4–7 | **Straßenbahn** 2, 11 | **Bus** 13, 16, 27E, 35, 43, 60, 65, 67, 71, 72, 75, 77, 84, 95, E6 | EKO1: Brankov Most

Savamala *#2*

Das Projekt sorgte für viel Unmut in der Bevölkerung, da es abgesehen von den Unsummen, die es verschlang, ohne deren Mitentscheid freigegeben wurde und im Zuge dessen auserdem große Teile des alten Savamala abgerissen werden mussten. Vor allem ein Moment im Mai 2016 sorgte für Aufruhr, als Dutzende maskierte Männer eines Nachts mehrere Gebäude mit Vorschlaghämmern zerlegten und die Regierung sämtliche Beteiligung daran abstritt.

Nördlich der Brankov-Brücke und direkt zu Füßen der Festung befindet sich das ebenfalls neu belebte, aber sehr viel stilvollere Hafengebiet **Beton Hala** 5. In dem Ende der 1930er-Jahre erbauten ehemaligen Zolllager, das sich über mehrere Hallen erstreckt, sind heute einige der besten Restaurants der Stadt untergebracht, von denen jedes die vorhandenen (und namensgebenden) ›Betonhallen‹ anders gestaltet hat. Tagsüber eignet sich der Pier hervorragend zum Schlendern und Kaffeetrinken mit Urlaubsfeeling, abends darf kolossal gespeist und im Rhythmus von Livemusik und DJ-Beats gekaut werden (unbedingt reservieren!). Seit 2019 verbindet eine kunstvolle Fußgängerbrücke Beton Hala außerdem direkt mit der Festung.

In den zahlreichen warmen Monaten bringt im KC Grad ein Außenbereich noch mehr frischen Wind in Kunst und Kultur. In der Bar drinnen kann man es sich aber durchaus auch gemütlich machen.

#2 Savamala

Wo die weiße Stadt wieder strahlt

Entlang der Hauptstraße **Karađorđeva** können Sie ein wenig tiefer in das alte Savamala eintauchen. Neben diversen stimmigen und so sehens- wie sitzenswerten Bars gibt es hier die hübschesten alten Gebäude des Viertels. Beeindruckend ist v. a. das Haus der **Belgrader Genossenschaft** 6 (Beogradska Zadruga), die 1882 als Genossenschaftsbank gegründet wurde. Erbaut wurde es zu Beginn des 20. Jh. von zwei führenden Architekten der Stadt. Architekturbegeisterte können in dem oft als schönstes Gebäude Belgrads bezeichneten Bauwerk u. a. (Dekor-)Elemente von Jugendstil, Akademismus, Post-Renaissance und Barock entdecken, wenn auch für die damalige Zeit modern interpretiert.

Das denkmalgeschützte und erst 2024 von Grund auf renovierte und neu eröffnete **Hotel Bristol** 7 (hotelsbristol.com) gehört zu den ältesten Hotels der Stadt und ist ein Musterbeispiel des Wiener Jugendstils. Als Savamala sich zu Beginn des 20. Jh. zum wohlhabendsten Viertel der Stadt wandelte, avancierte das Bristol zum Treffpunkt der mondänen Gesellschaft Belgrads, ganz Serbiens und später Jugoslawiens. Berühmtheiten wie Garri Kasparow, echter Adel wie Mitglieder des britischen Königshauses und Geldadel wie die Rockefellers – die so oft kamen, dass eines der Zimmer nach David Rockefeller benannt ist – stiegen hier ab.

SIEH AN!

Zwei tolle Wandgemälde verstecken sich in Savamala. In der Karađorđeva 27 hat Alby Guillaumen die **Heilige Beschützerin Belgrads** 8 (La Santa de Beograd) gemalt. Und wenn Sie vor dem Kreisverkehr auf der Karađorđeva nach Nordwesten sehen, entdecken Sie an der Wand auf einem Dach das Werk **Imitation of Life n°9 a.k.a. Evolutive Machine n°1** 9 von der Schweizer Nevercrew, die u. a. für ihre verträumten Walmotive bekannt ist.

→ UM DIE ECKE

Im Süden des Viertels befindet sich der 2021 aufwendig renovierte Stadtplatz Savski Trg mit dem ehemaligen **Hauptbahnhof** 10 (Železnička stanica). Der war nach seiner Erbauung 1882–85 nicht nur eines der repräsentativsten Gebäude Serbiens, sondern auch einer der ersten und meistbefahrenen Bahnhöfe. Seine Zukunft ist trotz Denkmalschutz Stand 2024 noch ungewiss. Die kontroverse Komplettumgestaltung des Platzes, zu der auch eine ca. 9 Mio. € teure Monumentalstatue des Großžupans Stefan Nemanja gehört, hat die Gegend zwar aufgewertet, aber auch menschenleer gemacht.

Wir treffen uns am Pferd – **Platz der Republik**

Jede Metropole der Welt hat ihn, diesen einen großen Platz, an dem das Leben pulsiert und jeder jeden trifft – Freundinnen, Partner, Familie, Blind Dates. In Belgrad tut man das ›am Pferd‹. Gemeint ist damit die Statue des reitenden Fürsten Mihailo auf dem zentralen Trg Republike.

Nur der Vollständigkeit halber muss ich zugeben, dass der **Trg Republike** nicht ganz der Hauptplatz Belgrads ist – dieser Titel kommt dem Terazije gleich um die Ecke zu. Aber er ist trotzdem ganz klar Treffpunkt Nummer eins, nicht zuletzt aufgrund der vielen Straßen und Wege, die hier zusammenkommen. Tun wir einmal so, als würden auch wir uns ›am Pferd‹ treffen. Stehen Sie dem

»Ich bin schon am Pferd, und du?« – wer eine Weile am Trg Republike verweilt, kann zahllosen Menschen dabei zugucken, wie sie sich über ihr Wiedersehen mit Freunden freuen.

#3 Platz der Republik

royalen Reiter direkt gegenüber, können Sie den Blick einmal rundherum schweifen lassen.

Da steht ein Pferd auf'm Platz

Direkt vor sich sehen Sie das Denkmal von **Fürst Mihailo III.** 1 (Spomenik knezu Mihailu Obrenoviću) hoch zu Rosse, umringt von Hauptstadtbewohnern, die den als aufgeklärtesten Herrscher Serbiens geltenden Mihailo Obrenović kaum noch wahrnehmen – obwohl er sogar zweimal Staatsoberhaupt war. Das erste Mal nahm er 1839 mit gerade einmal 15 Jahren den Platz seines älteren Bruders ein, für den wiederum sein Vater abgedankt hatte. Allerdings wurde er 1842 von einer Rebellion zu Fall gebracht, die dem Haus Karađorđević zu einer zweiten Amtszeit verhelfen wollte und ihn ins Exil schickte. Fortsetzung folgt (▶ S. 33)...

Im Zuge der steigenden Anzahl der Denkmäler für wichtige Persönlichkeiten in Belgrad entschied man in diversen Debatten, dass auch Fürst Mihailo eine Statue erhalten sollte, und rief 1873 zum internationalen Wettbewerb auf, den der italienische Bildhauer Enrico Pazzi für sich entschied. Die 11 m hohe erste Reiterstatue wurde in der Münchner Müller-Gießerei gegos-

---

INFOS/ÖFFNUNGSZEITEN

Serbisches Nationalmuseum 2: Trg Republike 1a, www.narodnimuzej.rs, Di, Mi, Fr, So 10–18, Do/Sa 12–20 Uhr, 300 RSD, So Eintritt frei

Nationaltheater : Francuska 3, aktuelles Programm und Preise unter www.narodnopozoriste.rs, Karten T 11 262 09 46, Öffnungszeiten nach Programm

TRG UND T.R.G. AM TRG

Satt und zufrieden macht direkt am Platz das sehr gute Fast-Food-Restaurant **T.R.G.** 1 (Trg republike 5, @t.r.g._restoran, tgl. 9–23 Uhr | €), mit allem von Frühstück über Pizza, Burger und Serbisches bis hin zu süßen Pizzen zum Dessert. Gegenüber ist die **Picerija Trg** 2 (Makedonska 5, Mo–Do 10–0.30, Fr/Sa 12–3.30, So 12.30–0.30 Uhr, | €) vor allem am Wochenende schwer beliebt für spätnächtliches Ausgehfutter in Form von mind. zwei günstigen Pizzavarianten.

Cityplan 2: C/D 3 | Bus 24, 26, 37, 43, 44, E2: Trg Republike

Platz der Republik *#3*

Fürst Mihailo war ein ausgesprochener Theaterfan und hätte sich über den Standort seines Denkmals vor dem Nationaltheater bestimmt gefreut.

sen und 1882 mit einer aufwendigen Zeremonie eingeweiht: Sämtliche hochrangige Staatsbeamte von König Milan I. bis zum Bürgermeister waren anwesend, es gab einen Kanonensalut und sämtliche Kirchenglocken Belgrads erklangen. Am Sockel sind Gedenkplaketten mit den Namen der Städte angebracht, die durch Mihailos diplomatisches Eingreifen von den Türken befreit wurden. Der ausgestreckte Arm des Fürsten zeigt in die Richtung des damals noch unbefreiten Altserbiens.

Historien und Arien

Direkt hinter dem geschichtsträchtigen Reittier befindet sich das **Serbische Nationalmuseum** 2 (Narodnj muzej). Das älteste Museum des Landes wurde bereits 1844 gegründet und beherbergt mehrere Sammlungen zu Archäologie, Kunst, Münzkunde und Geschichte, die zusammen mehr als 400 000 Objekte umfassen. Ursprünglich stand an seiner Stelle ein berühmtes Gasthaus namens Dardaneli, ein Treffpunkt der kulturellen und künstlerischen Elite des 19. Jh. Nach dessen Zerstörung wurde ab 1902 das heutige Bauwerk als Sitz der Fondverwaltung errichtet, in das 1952 das Nationalmuseum einzog. Zu den Höhepunkten der ausgestellten Werke gehören Stücke von Bosch, van Gogh, Monet und Picasso.

Drehen Sie sich nun nach rechts, sehen Sie das **Nationaltheater** ✹ (Narodno pozorište), dessen Errichtung im Jahr 1868 der Trg seinen ersten Namen Theaterplatz verdankte und das heute Oper, Ballett und Theater unter seinem mehrfach umgebauten Dach vereint. Für den Bau verantwortlich zeichnete mit Aleksandar Bugarski der

Nachdem das Reiterdenkmal enthüllt worden war, verbreitete sich angesichts des hutlosen Fürsten Mihailo – eine ungebührliche Sitte zur damaligen Zeit! – das Gerücht, der Bildhauer Pazzi habe sich deshalb das Leben genommen. Der widerlegte das Gerede höchstselbst in einem Brief vor seiner Heimkehr nach Italien: »In Geiste und Gefühl bin ich Italiener, doch mit Herz und Bewunderung bin ich Serbe«.

#3 **Platz der Republik**

prominenteste Belgrader Architekt des 19. Jh. (von ihm stammen auch das Neue Palais und das spätere Bildungsministerium an der Terazije), der sich für seinen Entwurf an der Mailänder Scala orientierte. Im Zuge diverser Umbauten im 20. Jh. änderte das Haus allerdings sein ursprüngliches Erscheinungsbild vollkommen.

Seine Geburt verdankt das Belgrader Nationaltheater Fürst Mihailo, der bei einem Gastspiel des Theaters aus Novi Sad (damals Zentrum serbischer Kultur in Österreich-Ungarn) derart beeindruckt war, dass er dessen Gründer Jovan Đorđević bat, hier eine ähnliche Institution zu schaffen. Đorđević akzeptierte und kam mit der Hälfte seines Ensembles in die Stadt.

Alles Große zum Geburtstag

Heute zeigt Mihailo direkt auf das prächtige 4-Sterne-Hotel **Centar No1** (hotelcentar-no1.com) im ehemaligen **Jugoexport-Gebäude** 3 (Zgrada Jugoslovenske banke). Das 1923 gebaute und von mehreren Bildhauern mit Ornamenten, Löwen, Büsten und Figuren des griechischen Titan Atlas geschmückte Haus wurde nach dem Zweiten Weltkrieg von der staatseigenen Handelsgesellschaft übernommen. Nachdem diese 2001 Bankrott ging, versuchte die Stadt das Gebäude zu verkaufen, doch erst 2016 fand sich mit dem ›Fleischkönig‹, dem Unternehmer Petar Matijević, ein Investor. Später stellte sich heraus, dass es sich in Wahrheit um ein 7,3 Mio. € teures Geburtstagsgeschenk seiner Söhne handelte, deren Großvater einst als Page in dem Haus gearbeitet hatte. Was allein das Geschenkpapier gekostet haben muss!

G GESTE

Während der 78-tägigen NATO-Bombardierung war das Nationaltheater das einzige offene Schauspielhaus und zeigte zur **Bombenpause** zwischen 15 und 18 Uhr für 1 RSD Eintritt Opern und Ballettstücke. Laut dem berühmten italienischen Dirigenten Alberto Zedda schrieb das Haus in dieser Zeit die würdevollsten Zeilen der Opernweltgeschichte.

> → UM DIE ECKE
>
> Gedacht als Geselligkeitsverein nach Vorbild ähnlicher Institutionen in der Tschechoslowakei und Polen waren im Gebäude des Veteranenvereins bzw. dem **Zentralen Militärklub** 4 (Ratnički dom) diverse Vereinigungen zu Hause, von den Reserveoffizieren zu den Freunden der Französischen Gesellschaft. Heute beherbergt das Haus auch das Kunstensemble des Verteidigungsministeriums Stanislav Binički (www.ansambl.mod.gov.rs), während das Nationale Filmarchiv im Sommer auf der Dachterrasse Filme zeigt.

Aus dem Geld- in den Tragebeutel – **die Kneza Mihaila**

4

In dieser Fußgängerzone wechseln sich bekannte Modeketten mit lokalen Boutiquen und Läden ab, auf deren Bügeln internationale Klamottenmarken hängen. Wenn Sie sich im geschäftigen Menschenstrom treiben lassen, bekommen Sie genug geboten, was Shoppingbeutel, Kamera und Magen erfreut. Aber wie überall in Belgrad lohnt sich auch hier eine Zickzacktour durch die eine oder andere Seitenstraße.

Direkt an den **Trg Republike** schließt sich die größte, lebendigste und wichtigste Einkaufsmeile Belgrads an, benannt nach Fürst Mihailo III. Während seiner zweiten Herrschaft ab 1860 gelang es ihm nicht nur, die Osmanen vom völligen Rückzug aus Serbien zu überzeugen, er war

Nicht nur eine der schönsten Fußgängerzonen Südosteuropas, sondern 2006 auch auf der Liste der beeindruckendsten Weihnachts-Shoppingmeilen von »Businessweek«.

#4 **Kneza Mihaila**

Cityplan 2: B/C 2/3 | **Bus** 19, 21, 22, 28, 29, 31, 41, E9: Trg Republike

auch der Erste, der sich um die Gründung einer Staatenallianz auf dem Balkan bemühte. Im Juni 1868 fiel er tragischerweise einem Anschlag zum Opfer, hinter dem man erneut Anhänger des Hauses Karađorđević vermutete. Zwei Jahre danach wurde die zu der Zeit entstehende Straße, entlang derer sich bis heute zahllose prächtige Gebäude aus dem späten 19. Jh. reihen, nach ihm benannt.

Bunte Peripherie

Wem weniger nach Shoppen als nach Genießen ist, für den oder die lohnt sich ein kleiner Abstecher in die Seitenstraße **Obilićev venac.** Parallel zur Kneza Mihaila drängt sich hier dicht an dicht alles von Eisdiele bis Weinlokal. Gut besucht zu jeder Tageszeit lässt sich gerade zu späterer Stunde ein äußerst lebendiges Nachtleben genießen.

Die **Spasić-Passage** ist ein charmanter Altbauhof mit bröckelnden Fassaden und einer Handvoll Geschäfte, darunter ein veganer Lebensmittelladen, ein Weinlokal und eine Shisha-Bar. Wenn Sie von hier wieder die Kneza Mihaila betreten, können Sie noch durch den

International: Drei Länder und Sprachen sind an der Kneza Mihaila kulturell vertreten und bieten oft Ausstellungen und Veranstaltungen – das **Institut français** 1 (www.institutfrancais.rs), das spanische **Instituto Cervantes** 2 (belgrado.cervantes.es) und das **Goethe-Institut** 3 (www.goethe.de). Infos bieten die Websites.

INFOS/ÖFFNUNGSZEITEN
Akademie der Wissenschaften und Künste 7: Đure Jakšića 2, T 011 202 71 52, www.sanu.ac.rs, Mo–Fr 10–20, Sa 10–15 Uhr.

SCHÖNE KÜNSTE
... und wechselnde Ausstellungen finden Sie in der **Galerija ULUS** 8 (Kneza Mihaila 37, T 011 262 31 28, ulus.rs, Mo–Fr 12–19, Sa 10–14 Uhr).

KULINARISCHES FÜR ZWISCHENDRIN
Im **Kafe Antikvarnica** 1 (Vuka Karadžića 7, T 011 328 24 87, www.facebook.com/Kafe.Antikvarnica, So–Do 9–24, Fr/Sa bis 1 Uhr) genießen Sie Kaffee und Kuchen in der Kulisse eines Antiquariats. In die stadtbekannte Patisserie **Mandarina** 2 (Gračanička 16, T 011 408 15 00, T 060 613 61 24, http://mandarinacakeshop.rs, tgl. 9–21 Uhr) sollten Sie nicht allein gehen, um mehr der Wundertörtchen probieren zu können. Einen ganz hervorragenden Abschluss einer Einkaufs- und Entdeckungstour bietet der hiesige Standort der internationalen Kette **Mama Shelter** 3 (Kneza Mihaila 54A, T 011 333 30 11, www.mamashelter.com/belgrade, tgl. 7–24 Uhr, ab 12 Uhr ggf. reservieren | €€). Im obersten Stockwerk des Einkaufszentrums Rajićeva können Sie hier mediterran-slawische Fusion-Kost entweder im schick designten Interieur oder auf der Dachterrasse mit Ausblick u. a. auf die nahe Festung genießen.

BÜCHER UND BILDER
Buchladen Akademija 2: Kneza Mihaila 35, tgl. 9–23 Uhr

Hauseingang direkt gegenüber schlüpfen, wo sich im nächsten Hinterhof weitere Läden verstecken.

Und nun die Nachrichten

Wenn Sie die versteckte Passage rechts liegen lassen und stattdessen weiter der Obilićev venac folgen, können Sie einen Blick auf das imposante Gebäude der ehemaligen **Tanjug** 4 werfen. Gegründet 1943 als amtliche Presseagentur Jugoslawiens, erfüllte Tanjug diese Funktion auch für die Staatengemeinschaft Serbien und Montenegro. Zu ihren Höchstzeiten zählte sie laut eigener Aussage zu den zehn wichtigsten Agenturen der Welt und berichtete z. B. als erste über die Invasion in der kubanischen Schweinebucht 1961 und Bobby Fischers Schach-Weltmeistertitel 1972. In Folge wachsender finanzieller Probleme wurde der Betrieb der Agentur 2021 eingestellt.

Von dem Trinkwasserbrunnen **Delijska česma** 5 aus bieten sich zwei weitere kleine Schlenker an, die sich über die Vase Čarapića auch hervorragend verbinden lassen. Zum einen stehen in der **Čika Ljubina** diverse kleine Stra-

Die Kunst lässt niemanden im Regen stehen: Schirme können auch gute Laune machen.

#4 Kneza Mihaila

Das **Wandgemälde** an der Nordostseite des Akademischen Platzes zeigt den ehemaligen serbischen Ministerpräsidenten Zoran Đinđić. Der hatte sich durch seinen Kampf gegen Korruption und das organisierte Verbrechen sowie die Auslieferung von Slobodan Milošević an das Den Haager Kriegsverbrechertribunal ausgezeichnet. Am 12. März 2003 starb er durch ein Attentat, bei dem der mafiöse Zemun-Clan angeblich seine Finger im Spiel hatte. Dieser stammt aus dem Belgrader Vorort (▶ S. 74) am Ufer der Donau.

ßenstände mit handgemachtem Schmuck und hausgemachten Naturprodukten wie Honig und Rakija. Die Preise sind an den Tourismus angepasst, aber dafür handelt es sich auch größtenteils nicht um Ramsch. Außerdem befindet sich hier das Gebäude der **Philosophischen Fakultät** 6 (Filozofski fakultet Univerziteta u Beogradu) der Universität Belgrad mit dem **Akademischen Platz** (Akademski plato). Die Statue in dessen Mitte stellt Dichter und Fürstbischof von Montenegro Petar II. Petrović-Njegoš dar, von dem u. a. das Epos »Der Bergkranz« stammt und der die Grundlagen für einen modernen Staat in Montenegro schuf.

Akademischer Ausfallschritt

Die **Akademie der Wissenschaften und Künste** 7 (Srpska akademija nauka i umetnosti), die 1841 als Gesellschaft der serbischen Gelehrsamkeit ins Leben gerufen wurde, ist heute die wichtigste akademische Institution des Landes. Sie besteht aus acht Abteilungen, u. a. für Ingenieur-, Medizin- und Sozialwissenschaften, und unterhält diverse Forschungsprojekte in Zusammenarbeit mit anderen serbischen und internationalen Instituten. In dem 1822 fertiggestellten Jugendstilgebäude befindet sich auch der prächtige **Akademija-Buchladen** 2. Neben dem hauptsächlich serbischsprachigen und kyrillischschriftlichen Sortiment gibt es einige englische Bücher aus serbischen Federn und über Belgrad – die perfekte Gelegenheit, um Momo Kapors »A Guide to the Serbian Mentality« zu erwerben.

> **→ UM DIE ECKE**
>
> Verglichen mit z. B. Wien (1842) und Berlin (1867) bekam Belgrad 1923 erst spät ein hochwertiges Orchester. Dafür erholte sich das schnell von den Bürgerkriegen und bekam im frühen 21. Jh. eine völlige Neugestaltung spendiert: eine Verjüngung der im Ausland ausgebildeten Musiker auf durchschnittlich 28 Jahre, komplett neue Instrumente, finanziert mithilfe einer Stiftung, und die Renovierung und Modernisierung des Konzerthauses, der **Belgrader Philharmonie** (Beogradska Filmharmonija) am Studentski trg (www.bgf.rs).

Kleiderschrank schon voll? Macht nichts, man kann sich auch an den diversen Straßenkünstlern erfreuen, die hier malen und singen.

Der historische Kern – **die Festung**

5

Unter und hinter den jahrhundertalten Mauern der immer wieder von neuen Herren erweiterten Festung liegen die historischen Wurzeln Belgrads. Die Lage des Kastells 125 m über dem Zusammenschluss zweier Flüsse machte sie früher zu einem strategisch wichtigen Punkt. Heute ist die Feste Sehenswürdigkeit, Erholungsgebiet und Veranstaltungsort.

Früheste Anfänge der Anlage gehen zurück auf das 3. Jh. v. Chr., als die (unbesiegbaren?) Gallier in den Balkan einfielen. Im 1. Jh. v. Chr. entstand ein römisches Kastell, dessen Spuren heute in den Festungsmauern zu sehen sind. Seitdem wurden immer wieder neue Gebäude erbaut und zerstört. Der **Park Kalemegdan,** der die alten Mauern umgibt, unterteilt sich in den **Großen Kalemeg-**

Das Zindan-Tor aus dem 15. Jh. gehört zu den ältesten heute noch erhaltenen Gemäuern auf dem Festungsgelände. Weitere Bastionen wurden im 17. und 18. Jh. erbaut.

#5 Festung

Cityplan: B–D 2–4 | Straßenbahn 2, 11: Kalemegdan, Bus: 29, 31, E9, EKO2: Studentski trg

INFOS/ÖFFNUNGSZEITEN

Festung Belgrad: T 011 262 06 85, www.beogradskatvrdjava.co.rs, tgl. rund um die Uhr geöffnet, Eintritt frei, Audioguide (Deutsch) im Souvenirshop 300 RSD, Öffnungszeiten Innenräume Di–So, April–Sept. 11–19, Okt.–März 10–17 Uhr; Kombiticket für die folgenden fünf Attraktionen 600 RSD; einzeln: **Sahat-Uhrenturm** 6: 120 RSD, **Römischer Brunnen** 16: 170 RSD, **Großes Pulvermagazin** 17: 270 RSD, **Militärbunker** 18: 120 RSD, **Nebojša-Turm** 19: Bulevar Vojvode Bojovića, Mi–So, 270 RSD
Kasematte (Folterinstrumentenausstellung) 20: 400 RSD; **Ausstellung** »Reise ins Mittelalter« im Inneren Haupttor 5: April–Sept., 80 RSD
Militärmuseum 7: T 011 334 34 41, www.muzej.mod.gov.rs, Di–So 10–17 Uhr, 200 RSD

KULINARISCHES FÜR ZWISCHENDRIN

Das Restaurant **Kalemegdanska Terasa** 1 (Mali Kalemegdan, T 011 328 27 27, kalemegdanskaterasa.com, tgl. 12–23 Uhr | €€) ist etwas teurer, bietet aber beeindruckendes Ambiente. Daneben versprüht die **Boho Bar** 2 (facebook.com/bohobarbelgrade, Mai–Okt. Sa–Do 11–24, Fr 11–1 Uhr | €) fernöstlich-spirituelle Open-Air-Atmosphäre.

dan 1 (Veliki Kalemegdanski Park) an der Südseite der Festung und den **Kleinen Kalemegdan** 2 (Mali Kalemegdanski Park), der seit 1936 den **Belgrader Zoo** beherbergt, an der Grenze zur Stadt im Osten. Die Tatsache, dass das Gelände nicht nur Museen und Geschichte live bietet, sondern auch immer wieder Feste und Konzerte stattfinden, verdeutlicht hervorragend, wie Belgrad mit seiner bei Weitem nicht unkomplizierten Vergangenheit umgeht und sie mit seiner vielschichtigen Gegenwart verbindet.

Klein anfangen

Im Kleinen Kalemegdan sind unzählige Spazierwege angelegt und ca. 20 Büsten berühmter serbischer Persönlichkeiten aus Kunst, Wissenschaft und Politik zu bewundern. Das **Denkmal der Schlüsselübergabe** 3 (Spomen obeležje predaje ključeva) markiert die Stelle, an der Fürst Mihailo III. 1867 auf Erlass von Sultan Abdul Azis die Stadtschlüssel zu Belgrad erhielt. Das **Denkmal des Danks an Frankreich** 4 (Spomenik zahvalnosti Francuskoj) – eine nackte Frau mit Schwert, die Serbien zu Hilfe eilt – erinnert an die Allianz mit Frankreich im Ersten Weltkrieg.

Über dem **Inneren Haupttor** 5 (Unutrašnja Stambol kapija) zeigt Ihnen der zwischen 1740 und 1789 erbaute **Sahat-Turm** 6 (Sahat kula) die Zeit an. Er wurde Mitte des 19. Jh. renoviert und gehört zu den wenigen Bauwerken der Festung, an denen die oft kriegerische Geschichte Belgrads spurlos vorübergezogen ist. Eine ganz andere Sprache sprechen da einige links und rechts der Brücke vor dem Turm aufgestellte Exponate des **Militärmuseums** 7 (Vojni muzej). Es zog 1959 in das beeindruckende, ursprünglich in den 1920er-Jahren als Militärgeografisches Institut erbaute Festungsgebäude zur Linken.

Sie möchten gerne vom (Haupt-)Wege abkommen? Dafür lohnt sich ein kleiner Spaziergang um die Ostseite. Folgen Sie dazu einfach den Schildern zum Eingang des Militärmuseums 7*, überqueren Sie das Haupttor* 5 *und schlendern Sie über die weniger frequentierten Wege um die Anlage herum zum Zindan-Tor* 12*.*

Das Schloss des Despoten

Das **Sahat-Tor** 6 (Sahat kapija) führt in die **Oberstadt** 8 (Gornji Grad) der Festung. Die ehemalige Residenzanlage des Despoten Stefan Lazarević, unter dem Belgrad 1405 das erste Mal

Wahrhaft goldene Momente: Die Festungsmauern eignen sich ganz hervorragend für den Sundowner.

#5 **Festung**

Lust auf eine Pause? Vor der Festungskulisse kann man in der wunderschönen Boho Bar die Füße hochlegen und eine hausgemachte Limonade trinken.

Hauptstadt wurde, ist herrlich begrünt und eignet sich hervorragend zum Bummeln oder Faulenzen in der Sonne. Im Zentrum der Oberstadt ist die **Türbe des Damads Ali Pascha** 9 (Damad Ali-pašino turbe) als eines von sehr wenigen islamischen Monumenten in Belgrad erhalten geblieben. Lassen Sie sich auch nicht das **Denkmal für den Despoten Stefan Lazarević** 10 entgehen, eine 3,20 m hohe und sehr eigenwillige Bronzestatue, die 1981 von Nebojša Mitrić entworfen wurde. Ebenfalls Lazarević sind das **Tor des Despoten** und der **Castellan-Turm** 11 (Despotova kapija sa Dizdarevom kulom) an der Nordecke der Oberstadt gewidmet, wo sich zurzeit des Herrschers der Haupteingang der Festung befunden hat.

Ein Abstecher durch das Tor des Despoten und das anschließende **Zindan-Tor** 12 (Zindan Kapija) führt zur **Rosenkirche** 13 (Crkva Ružica), die ursprünglich als Pulverlager gebaut wurde und deren besonderer Clou die Kronleuchter aus Waffen und Munition sind. Außerdem können Sie im Fundament des Festungswalls die Reste eines **Römischen Kastells** 14 (Ostaci rimskog kastruma) entdecken.

Zaungäste und ein nackter Mann

Von der Westseite der Festungshöhen haben Sie einen wunderbaren Ausblick auf Save und Große Kriegsinsel sowie auf Novi Beograd. Die Mauern hier füllen sich vor allem am späten Nachmittag und frühen Abend mit Menschen, die mit Bier, Wein und Gitarre den Sonnenuntergang betrachten. Früher lauschten Musikfans an dieser Stelle gerne kostenlos den häufigen Konzerten auf den Wiesen der ehemaligen Unterstadt. Das endete 2014, als die Stadt beschloss, die Festung bei derlei Events ab- und damit die Zaungäste auszusperren.

Am 18. Juni 2011 spielte Amy Winehouse am Fuß der Festung ihr allerletztes Konzert. Es sollte der Auftakt ihrer Europatour werden, doch nach einer desaströsen Performance buhte das Publikum sie von der Bühne. Die weiteren Konzerte wurden abgesagt und am 23. Juli starb die Sängerin in London.

Ein paar Schritte weiter wartet eines der wichtigsten Wahrzeichen Belgrads – das 14 m hohe Monument des **Pobednik** 15 (dt. ›des Siegers‹), der 1928 zum zehnten Jahrestag des Durchbruchs der Salonikifront im Ersten Weltkrieg errichtet wurde. Die männliche Bronzefigur mit Adler und Schwert in Händen, aber ohne Kleidung am Körper löste damals Entsetzensschreie aus, weshalb man ihn von seinem geplanten Standort am Terazije auf die Festung verbannte. Als Berliner mit Liebe für Belgrad würde ich den Sieger (›Viktor‹) zu gern mit der Viktoria auf der Siegessäule verkuppeln.

Geschichte und Moderne – **Dorćol**

Aufgrund der Nähe zur Festung entstanden in diesem Viertel die ersten Wohnhäuser der Stadt, die heute zu den ältesten Belgrads gehören. Hinter den bröckelnden Fassaden haben sich inzwischen zahllose hippe Bars und versteckte Biergärten eingerichtet. Die Jungen und Kreativen verkaufen hier selbst gemachte Mode und türkischen Kaffee.

Gute 300 Jahre hat es auf dem Giebel, das älteste Wohnhaus Belgrads in der **Cara Dušana 10** 1 – und wird noch immer genutzt, sogar als Airbnb kann man es buchen. Erbaut 1724 bis 1727 war es einst das zweite in einer Reihe aus sieben identischen Häusern im damals deutschen Teil der Stadt. Die Cara Dušana selbst ist die Hauptschlagader des Bezirks und teilt ihn u. a. mit Bus- und Straßenbahnlinien in oberes

Die Ruhe vor dem (Gästean)Sturm im Garten des Blaznavac.

#6 **Dorćol**

und unteres Dorćol. Vor allem Letzteres hat sich jüngst zum Szeneviertel entwickelt.

Wo die Religionen wohnen

Vor dem Zweiten Weltkrieg war der gesamte Stadtteil noch das Multikulti-Herz Belgrads und

INFOS/ÖFFNUNGSZEITEN

Bajrakli Moschee 4: Gospodar Jevremova 11, T 011 262 24 28, www.rijaset.rs, außerhalb der Gebetszeiten (s. Website) für Besucher geöffnet
Freskengalerie 5: Cara Uroša 20, www.narodnimuzej.rs, auf unbestimmte Zeit geschl.
Jüdisches Historisches Museum 6: Kralja Petra 71A, T 011 262 26 34, jevrejskimuzej-beograd.rs, Mo–Fr 8.30–15.30 Uhr, Eintritt frei
Jane Doe Concept Store 1: Kapetan Mišina 17, T 062 12 01 999, https://janedoeshop.net, Mo–Fr 12–20, Sa 12–18 Uhr
Jane Doe Pop Down Vintage Shop 2: Gospodar Jevremova 25, Mo–Fr 12–18, Sa 12–16 Uhr
BITEF-Theater 1: Skver Mire Trailović 1, www.bitef.rs

KULINARISCHES & ALKOHOLISCHES

Gute mexikanische Küche gibt es bei **Nachos** 1 (Strahinjića Bana 66a, www.nachos.rs, T 011 262 34 33, tgl. 9–24 Uhr | €€), gemütliches Kaffeetrinken bei **Sweet n Čili** 2 (Strahinjića Bana 72a, Mo–Sa 9.30–23, So 12–19 Uhr). Hip geht es bei Türke Halil im **eklektika 40** 3 (Kneginje Ljubice 12, @eklektika 40, tgl. 8–23 Uhr) zu und im buchstäblichen Wohnungscafé **Flat Beograd** 4 (Kneginje Ljubice 16, @flat.beograd, tgl. 10–22 Uhr) gibt es Getränke, Snacks, Frühstück und immer mal wieder Live-Events von Musik bis Literatur. Belgrads bestes Eis hat **Crna Ovca** 5 (Kralja Petra 58, www.crnaovca.rs, tgl. 10–23 Uhr). Bei **Blaznavac** 6 (Kneginje Ljubice 18, T 011 328 58 57, auf Facebook, So–Do 9–24, Fr/Sa 9–1 Uhr) gibt es Farben, Kitsch und leckere Cocktails.

Cityplan: D–F 2–4 | **Straßenbahn:** 2, 5, 10 | **Bus** 24, 26, 79, E9: Kralja Petra

Dorćol #6

Pause machen, Kaffee trinken oder einfach das Leben beobachten – Seele baumeln lassen à la Dorćol

vereinte u. a. serbische und türkische Bewohner, Roma sowie das Jüdische Viertel. Davon blieb nach der Bombardierung durch die Nazis nicht viel übrig. 2000 Überlebende – von einst 20 000 Bewohnern – zogen nach Ende des Krieges nach Westeuropa. Von dem früheren Viertel zeugt heute nur noch die **Jüdische Straße** 2 (Jevrejska).

Ähnlich dezimiert wurde im Lauf der Jahrhunderte die Anzahl der Moscheen und Mescits in der Stadt, von denen es zur Zeit des Osmanischen Reiches fast 300 gegeben hat. Heute ist die **Bajrakli-Moschee** 4 (Bajrakli džamija) der einzige erhaltene und noch aktive islamische Sakralbau in ganz Belgrad. In der zweiten Hälfte des 16. Jh. errichtet und in der ersten des 18. Jh. eine Zeit lang auch als römisch-katholische Kirche genutzt, erhielt die Moschee ihren Namen (bayrak ist türkisch für Fahne), da hier mit einer Flagge allen umliegenden Gotteshäusern das Zeichen zum Gebetsbeginn gegeben wurde.

Im Gehweite befinden sich außerdem zwei sehenswerte Museen. Die **Freskengalerie** 5 (Galerija fresaka) des Nationalmuseums beherbergt Repliken von 1300 Fresken, die zwischen dem 11. und 15. Jh. entstanden sind, sowie Kopien von Ikonen und Miniaturen. Sämtliche Ausstellungsstücke wurden von Fachleuten detailreich und inklusive aller Makel und Schäden originalgetreu nachempfunden. Das **Jüdische Historische Museum** 6 (Jevrejski istorijski muzej) sitzt in einem Gebäude, das 1928 allein für die jüdischen Verbände Belgrads und Serbiens erbaut wurde. Seit seiner Gründung 1948 präsentiert es in einer ständigen sowie in wechselnden Ausstellungen ausführlich die Geschichte des Judentums in Jugoslawien sowie das Leben und Wirken der jüdischen Gemeinde speziell in Belgrad.

▶ INFOS & LESESTOFF

In seinem Tatsachenroman **Götz und Meyer** erzählt David Albahari von zwei SS-Offizieren, die innerhalb von vier Tagen im März 1942 mit einem Gaswagen die komplette Belegschaft sowie 800 Patienten des **Jüdischen Krankenhauses** 3 in der Visokog Stevana 2 ermordet haben.

#6 Dorćol

ÜBRIGENS

Das **BITEF-Theater** 🔵 wurde 1989 als Hauptquartier des jährlich im September stattfindenden **Internationalen Belgrader Theaterfestivals BITEF** gegründet. Das Festival selbst gibt es bereits seit 1967. Nicht zuletzt dank seiner Kombination von klassischem Mainstream und modernen inszenatorischen wie technischen Trends erhielt das Fest 1999 den Europäischen Theaterpreis.

Neue Lippen und alte Schätze

Ein wenig Abwechslung nach diesen schwermütigen Themen verspricht ein Ausflug ins ›Silicon Valley‹ Belgrads. Unter diesem Spitznamen ist die Kneipenallee **Strahinjića Bana** bekannt, da in den unzähligen Cafés und Restaurants einige Damen auffallen, die ihrem von der Natur gegebenen Aussehen deutlich nachgeholfen haben. Man gönnt sich ja sonst nichts. Der Großteil des Klientels ist allerdings – ebenso wie die sehr vielfältigen Bars – eher lässig. Ab dem späten Nachmittag lässt es sich hier ausgezeichnet flanieren.

Der **Jane Doe Concept Store** 🔒 ist seit 2008 Belgrads allererster Vintage-Shop, der sich bis heute nicht nur sein Image und seine Einzigartigkeit erhalten, sondern auch ordentlich zugelegt hat. Die Originalfiliale mit allerhand überaus schickem Krimskrams und Upcyclingstücken wurde in jüngeren Jahren um den **Jane Doe Pop Down Vintage Shop** 2️⃣ ergänzt, zu dem mit dem Kunstcafé und Eventlokal Kuća Umetnica (Mo–Sa 10–23 Uhr, @kucaumetnica) auch ein Ort zur Präsentation und Unterstützung von Künstlerinnen gehört.

Bunte Bargärten

In Dorćol kann man sich wunderbar treiben lassen und dabei das eine oder andere Juwel aufstöbern. Hervorragende Ausgangspunkte dafür sind neben der Strahinjića Bana die Straßen **Višnjica** und **Kralja Petra.** Zum Abschluss lassen Sie sich am besten mit dem Taxi zum **Blaznavac** 6️⃣ fahren und steigen mit geschlossenen Augen aus – und dann: Überraschung! Sie werden Augen machen, versprochen.

Alles andere als zurückhaltend: die farbenprächtig ausgestaltete Aleksandar-Nevski-Kirche.

→ **UM DIE ECKE**

In Dorćol stehen gleich zwei Gebäude von Belgrads erster weiblicher Stadtarchitektin Jelisaveta Načić (1878–1955). Das 1904 erbaute **Haus des Buchhändlers Marko Marković** 7️⃣ (Kuća knjižara Marka Markovića) ist ihr einziges noch erhaltenes Wohnhaus und die 1929 fertiggestellte **Aleksandar-Nevski-Kirche** 8️⃣ (Crkva Svetog Aleksandra Nevskog) beherbergt Denkmäler für die in den Befreiungskriegen gefallenen Soldaten sowie für den russischen Zaren Nikolai II. und den serbischen König Aleksandar I. Karađorđević.

Wo die Boheme zu Hause ist – **die Skadarska**

Bereits seit fast 200 Jahren zieht die Skadarska lokale und internationale Prominenz, Touristen und Einheimische an. Massenanstürme müssen Sie hier trotzdem noch nicht fürchten, also wagen Sie sich aufs Kopfsteinpflaster.

Starten Sie die Erkundung der Skadarska (Skadarlija) am besten an deren südlichem Ende vom Platz der Republik aus. Auf einem Schild an der Kreuzung mit den Straßen Simina und Zetska ist nicht etwa die Rede von einer Prachtstraße, Allee oder Schnellstraße, sondern von »einer gewöhnlichen, steilen, kurvigen Gasse in der Mitte Belgrads«. Es sind die Worte des bosnischen Künstlers und Karikaturisten Zuko Džumhur, einem der zahllosen

Dass das Kopfsteinpflaster der Skadarska vor allem für hochhackige Schuhe seine Tücken birgt, hält die Belgrader Damenwelt natürlich kein Stück davon ab, diese zu tragen – am allerwenigsten in Wochenendnächten.

#7 Skadarska

INFOS/ÖFFNUNGSZEITEN

Antikvarnica Ninke 🛍: Skadarska 15, https://collectablesninke.wordpress.com, tgl. 11–21 Uhr
gallery AS 🛍: Skadarska 27, www.galleryas-art.com, Mo–Sa 14–21 Uhr
Đura-Jakšić-Haus 🟧 **(Kuća Đure Jakšića):** Skadarska 34, www.kucadjurejaksica.rs (nur Serbisch) oder info@kucadjurejaksica.rs

KULINARISCHES FÜR ZWISCHENDRIN

Im **Tri Šešira** ➊ (Skadarska 29, www.trisesira.rs, T 060 313 01 80, tgl. 11–2 Uhr | €€) und **Dva Jelena** ➋ (Skadarska 32, T 062 35 00 02, www.dvajelena.rs, tgl. 10–1 Uhr | €€) findet man viel Lokalkultur und oft Livemusik. Für den kleineren Hunger und weniger Tourifeeling unbedingt in der Traditionsbäckerei **Pekara Spasa** ➌ (Skadarska 26, Mo–Sa 7–23 Uhr) das grandiose Goulasch im Brot probieren – nur solange der tägliche Vorrat reicht.

KAFFEE UND ALKOHOLISCHES

Die **Kaldrma Bar** ➍ (Skadarska 40, www.kaldrma.bar, So–Mi 17–1 Uhr, Do–Sa 17–3 Uhr) bietet in kultigem Interieur alles von heißer Schokolade bis zu Cocktails. Bei **Zadruga** ➎ (Skadarska 9, www.facebook.com/zadruga.bar, tgl. 7–22 Uhr) kann man in den warmen Monaten verschiedene Rakija auf der Straße trinken.

Cityplan: E/F 4 | **Bus** 16, 27E, 35, 58, 95, E6: Skadarska

ÜBRIGENS

Zu den größten **Namen,** die die Skadarska über die Jahrzehnte bereits auf und ab gingen, zählen neben Jimi Hendrix Willy Brandt, Margaret Thatcher, König Juan Carlos I. von Spanien, Schauspielerin Gina Lollobrigida und Joe Biden. Regie-Ikone Alfred Hitchcock hat hier der Legende nach seine Diät in den Košava-Wind geschossen. Kein Wunder, bei den urigen Lokalen!

Kreativgeister, die in diesem Viertel schon gegessen, getrunken und gewirkt haben. »Das wäre vermutlich alles Nennenswerte, das es über mich zu sagen gäbe, wäre da nicht meine Boheme-Geschichte …«, lockt die Straße Sie weiter. Folgen Sie ihrem Ruf, wird Ihnen alsbald klar werden, wie die Skadarska zu dem Spitznamen ›Montmartre von Belgrad‹ kam. In ihrer allgegenwärtigen Kafanas weilte eine ähnlich illustre Kunstgemeinde wie in ihrem Pariser Pendant.

Savoir-vivre zwischen Kunst und Kafanas

Allerdings hält der Tourismus in diesen Kafanas unübersehbar Einzug und verpasst ihren traditionellen Fassaden einen internationaleren Anstrich. Das merkt man an hartnäckigen Restaurant-Scouts, an übergroßen Speisekartenaufstellern mit Abbildungen der Gerichte und nicht zuletzt auch an den leicht gehobenen

Preisen. Trotzdem erleben Sie hier echt serbische Koch-, Ess- und Lebenskultur.

Am Anfang der Skadarska stehen Sie vor dem **Skadarlija-Brunnen,** einem Trinkwasserbrunnen in osmanischem Design, der 2017 aufwendig restauriert und entsprechend der Originalentwürfe von Architekt Uglješa Bogunović und Bildhauer Milica Ribnikar-Bogunović aus dem Jahr 1966 erweitert wurde. Hier wird seit 1993 jedes Jahr zur Eröffnung der Sommersaison Ende April/Anfang Mai in einer feierlichen Zeremonie die ›Boheme-Flagge‹ gehisst.

Von Zigeunern und Künstlern

Die Skadarska entstand um das Jahr 1830: Damals siedelten sich hier Sinti und Roma an, deren Hütten aber schon gut 20 Jahre später vonseiten der Stadt durch feste Ziegelhäuser für Künstler, Handwerker und Kleinbeamte ersetzt wurden. Erst um die vorletzte Jahrhundertwende avancierte das Gebiet zum Treffpunkt der Boheme, vor allem als sich nach der Zerstörung des Hotels Dardaneli im Jahr 1901 die dort wohnenden Schauspieler und Sänger zwangsläufig in den Pensionen der nahen Skadarska einmieteten. Dazu gehörten bereits damals **Tri šešira** ❶ (Drei Hüte) und **Dva Jelena** ❷ (Zwei Hirsche), vor dem Sie als Nächstes stehen. Zu den prominentesten Gästen zählten Dichter Gustav Krklec, Sängerin Silvana Armenulić, Schauspielerin Žanka Stokić sowie Schriftsteller und Maler Momo Kapor. Viele von ihnen machten damals ihre Kunst zur Währung und beglichen die Rechnungen für Essen und Trinken mit auf Speisekarte oder Servietten geschriebenen Gedichten.

ÜBRIGENS

Flagge zeigen: Die Skadarska hat ihre eigene ›**Boheme-Flagge**‹ – mit den Insignien Spazierstock, Nelke und Hut – sowie ihren eigenen Kodex, an den sich alle Lokale halten müssen. Darin ist u. a. festgelegt, welche Gerichte angeboten werden, wie die Uniform der Bedienungen und die Tischdecken auszusehen haben.

Auch ohne Kyrillisch-Kenntnisse leicht zu entziffern – willkommen im Herzen der Boheme.

#7 Skadarska

Auch wenn sie das Kopfsteinpflaster im Namen trägt, zum Sitzen hat sich die Kaldrma-Bar dann doch ein bequemes Bühnchen aufs Holperparkett gebaut.

Am Anfang der Straße finden Sie außerdem einen der besten Anlaufpunkte für regionale Malerei. Das kleine **Antiquariat Ninke** verkauft neben den üblichen alten Gläsern, Tassen und Kerzenständern zahlreiche Gemälde aus Belgrad und ganz Serbien. Die meisten stammen aus dem nordserbischen Dorf Kovačica, das für seine Naive Kunst bekannt ist. Es finden sich aber auch zeitgenössische Werke von Absolventen der Belgrader Universität der Künste. Auch interessant für Kunstenthusiasten ist die 1989 gegründete **gallery AS**, nur ein kleines Stück die Straße runter, die vor allem Gemälde diverser Künstler vom Balkan verkauft.

Heute hat sich die autofreie Skadarska zur Touristenattraktion gemausert und zieht rund 20 000 Besucher am Tag an. Ihren künstlerischen Charakter bewahrt sie aber weiterhin, was auch am ehemaligen **Wohnhaus von Schriftsteller und Maler Đura Jakšić** (1832–78, Kuća Đura Jakšić) liegt. Das flache Gebäude mit der Hausnummer 34 wurde nach Jakšićs Tod zu einem Treffpunkt junger Dichter und 1968 in Zusammenarbeit mit zahlreichen namhaften Künstlern restauriert. Regelmäßig gibt es Veranstaltungen für Literatur, Theater, Musik und Kunst.

Die Ruhe nach dem Ansturm

Auf dem letzten Drittel der Skadarska, Atrium genannt, wird es merklich ruhiger. Hier steht eine ehemalige **Brauerei**, deren Hauswände kunstvoll mit Bildern des alten Belgrads bemalt sind. Das früher hier gebraute Bier »Alexander« zeichnete sich dadurch aus, dass es mit dem Wasser aus einer Thermalquelle im Hof hergestellt wurde. Heute befinden sich hinter den Mauern der Brauerei gemütliche Bars, die perfekt sind für ein, zwei Rakija oder einen Cocktail, sowie hippe Ho(s)tels.

Die Statue des Malers und Schriftstellers Djura Jaksic befindet sich vor seinem ehemaligen Wohnhaus in der Skadarska 34.

Einer meiner Lieblingsorte ist die **Kaldrma Bar** (dt. Kopfsteinpflaster), die der Skadarska mit ihrem modernen und kreativen Ambiente eine weitere schillernde Facette hinzufügt. Ihnen qualmen die Füße? Keine Sorge, mit der Replik des **Sebilj-Brunnens** (Sebilj česma) endet die Skadarska. Die Kopie des Bauwerks in Sarajevos Stadtteil Baščaršija war 1989 ein Geschenk aus der bosnischen Hauptstadt.

Sozialistischer Realismus – **der Nikola-Pašić-Platz**

Als dieser Platz nach dem Ende Jugoslawiens als einer der ersten Orte in Belgrad umbenannt wurde, wichen die Namen der Kommunismustheoretiker Marx und Engels dem des Ex-Bürgermeisters und Ex-Ministerpräsidenten Nikola Pašić. Ein klares Statement, befindet sich hier doch der Sitz des serbischen Parlaments. Beherrscht wird der Platz jedoch von der massigen Erscheinung eines Kulturbaus.

Umfangreiche Bauarbeiten ebneten das hügelige Gelände ein, auf dem der **Trg Nikole Pašića** als jüngster Platz der Stadt bis 1953 entstand. In seiner Mitte sprudelt ein Springbrunnen, in dem inzwischen jedes Jahr die jungen Absolventen am letzten Schultag planschen. Der Platz war einer der ersten Orte in der Stadt, die einen neuen Na-

Die Skulpturengruppe »Es sprangen die Rappen« (Igrali se konji vrani) von Bildhauer Toma Rosandić rahmt seit 1938 den Treppenaufgang der Nationalversammlung ein.

#8 Nikola-Pašić-Platz

Nabelschau: Hinter dem Dom Sindikata versteckt sich eine nach orientalischen Markthallen **Bezistan** 1 getaufte Passage, die den Platz mit dem **Terazije** verbindet. Seit den 1950er-Jahren bot der ›Bauchnabel Belgrads‹ genannte Ort mit kleinen Gärten und Cafés einen Ruhepol inmitten der Stadt. Dieses Leben ist leider vorbei und wie bei so vielen ehemals geschäftigen Stätten scheint auch für Bezistan eine blühende Zukunft möglich, aber ungewiss.

Bereits 1949 von Mitgliedern der Akademie der Bildenden Künste gegründet, hat sich die **Galerija Graficki kolektiv** 3 vor allem dem Kunstdruck verschrieben. Mit mehr als 20 Ausstellungen im Jahr, einem Ensemble nationaler und internationaler Künstler und einer Sammlung von mehr als 4000 Drucken ist die Galerie bis heute eines der wichtigsten Kunstzentren auf dem Balkan.

men erhielten, als das sozialistische Jugoslawien Anfang der 1990er-Jahre unterging. Pašić, eine der prägendsten Figuren auf Serbiens politischer Bühne, hatte als Premierminister 1917 die Deklaration von Korfu, die die Grundbestimmungen des späteren jugoslawischen Staates festlegte, unterzeichnet.

Die Kultur gibt den Ton an

Der **Dom Sindikata** (Gewerkschaftshaus) – seit dem Sponsorenwechsel 2022 offiziell **mts-Halle** 1 (mts Dvorana) – erhebt sich geradezu monumental über dem Platz. Nach seiner Eröffnung 1957 avancierte der Bau, ein maßgebliches Beispiel für die Architektur des sozialistischen Realismus, zur wichtigsten Bühne Belgrads. Kino, Musicals, Theater, Konzerte: Besonders in den 1970er- und 1980er-Jahren wurde das in Anlehnung an die Pariser Music-Hall genannte ›Belgrader Olympia‹ auch dank der hervorragenden Akustik seines Konzertsaals zu einer festen kulturellen Größe der Stadt. Im Rahmen der großen Renovierung 2017/18 wurde das Originaldesign des Interieurs anhand alter Fotos vollständig wiederhergestellt und modernisiert.

Alte und neue Herren

Die Verlängerung des Platzes beherrscht unübersehbar die Kuppel der **Nationalversammlung** 2 (Narodna skupština Republike Srbije), des serbischen Parlaments, das mit der erneuten Eigenständigkeit Serbiens ab 2006 wieder hier einzog – gut 100 Jahre nach der Grundsteinlegung. Nach 30 Jahren Bauzeit beherbergte das Gebäude den Nationalrat des Königreiches Jugoslawien, die Verwaltung der deutschen Besatzungsmacht, die jugoslawische Versammlung und den Bundesrat Serbien-Montenegros. Bis heute befinden sich hier u. a. eine Bibliothek mit diversen kostbaren Büchern und originalen Möbelstücken sowie zahlreiche Skulpturen, z. B. vier aus weißem Marmor, die die Begründer der Königsdynastien symbolisieren.

Gegenüber der Nationalversammlung befindet sich das **Alte Palais** 4 (Stari Dvor), die königliche Residenz der Obrenović-Dynastie. Der von Aleksandar Bugarski entworfene Repräsentativbau sollte in den 1880er-Jahren alles bis dato

Nikola-Pašić-Platz *#8*

Dagewesene an serbischen Herrschaftshäusern übertrumpfen. Danach war er vor allem Schauplatz bedeutender Momente in der serbischen Geschichte. So dankte 1889 hier König Milan I. zugunsten seines Sohnes Aleksandar ab, der wiederum im Mai 1903 mit seiner skandalumwitterten Frau Draga im Zuge einer Offiziersverschwörung ermordet und aus einem der Fenster geworfen wurde. Seit 1961 ist das Alte Palais Sitz der Stadtversammlung. Direkt nebenan steht das **Neue Palais** 5 (Novy dvor), das 1922 als Residenz der Karađorđević-Dynastie erbaut wurde und in dem heute der serbische Präsident sitzt.

Kurzzeitig überlegte die Stadt Ende der 1990er-Jahre, die Bronzeskulptur von Nikola Pašić auf einem künstlichen Hügel aufzustellen statt auf einem Podest – doch das wurde schnell verworfen.

Rätsel der Vergangenheit

Besuchen Sie unbedingt den jüngst aufwendig restaurierten **Pionirski-Park** 6, der bis 1944 als königlicher Garten für die Öffentlichkeit gesperrt war. An dessen Ostseite steht der **Beobachtungsposten** 7 des Serbischen Oberkommandos (Osmatračnica sa Kajmakčalana) auf den Voras, dessen Hintergrund noch immer ungeklärt ist. Voras ist ein Berg an der griechisch-mazedonischen Grenze. Es könnte ein echter Spähpunkt sein, der sich hier seit dem Ersten Weltkrieg befindet oder von der Salonikifront des Zweiten Weltkriegs hierhergeschafft wurde. Es könnte sich aber auch um die Replik einer Grottenhöhle handeln, die Milan I. schlicht zur Dekoration hat errichten lassen. Weitere Vorschläge nehme ich (und sicher auch die Stadt Belgrad) gern entgegen.

Das Alte Palais liegt am Bulevar kralja Aleksandra.

#8 Nikola-Pašić-Platz

Cityplan: E/F 5/6 | Bus 24, 37, 44, 58, EKO1: Pionirski Park

INFOS/ÖFFNUNGSZEITEN

Nationalversammlung 2: Trg Nikole Pašića 13, www.parlament.gov.rs. Gruppenführungen finden werktags 9–14.30 Uhr statt, Anmeldung mit Vorlauf über edukacija@parlament.rs.

Galerija Graficki kolektiv 3: Dragoslava Jovanovića 11, T 011 328 59 23, grafikikolektiv.org, Mo–Fr 12–19, Sa 12–15 Uhr

Kino in der mts-Halle ✱: Dečanska 14, T 011 425 01 00, www.mtsdvorana.rs, Blockbuster und Sonderaufführungen

KULINARISCHES FÜR ZWISCHENDRIN

Bei **Garden Food** 1 (Kosovska 18, @gardenfoodbg, Mo–Fr 8.30–22, Sa/So 10–17 Uhr | €) gibt es Salat, Fleisch und Fisch kreativ und gesund zubereitet.

Der weitläufige **Trg Nikole Pašića** zieht diverse Vogelarten an: Stadttauben, Haussperlinge, Turmfalken und Mauersegler kann man hier beobachten. Aus dem **Pionirski-Park** kann man außerdem Kohlmeise und Ringeltaube hören, auch Möwen kreisen regelmäßig hoch über dem Platz.

→ UM DIE ECKE

Hinter dem imposanten Gebäude des **Hauptpostamtes** 8 (Glavna Pošta Srbije) von 1935 liegt im **Tašmajdan-Park** die neobyzantinische **Kirche des Hl. Markus** 9 (Crkva Svetog Marka) aus den 1930er-Jahren. Belgrads und Serbiens zweitgrößte Kirche bietet Platz für 2000 Gläubige. Das Gotteshaus beherbergt die Reliquien von Zar Dušan, dessen Dušanov-Kodex eines der ersten umfassenden Gesetzbücher in Europa war, und von Aleksandar Obrenović. Auch eine der prächtigsten Sammlungen von Ikonen aus dem Serbien des 18. und 19. Jh. ist zu sehen. An jedem 5. August findet in der Kirche eine Gedenkveranstaltung für die serbischen Opfer der Operation Oluja im Kroatienkrieg statt (Bulevar kralja Aleksandra br. 17, www.crkvasvetogmarka.rs, tgl. 7–19 Uhr).

Moskau in der Mitte – **Terazije**

9

Hier brummt Belgrad: Am Platz und entlang des Boulevards liegt ein traditionsreiches Hotel, zahllose Lokale und Shops sorgen für Leben. Auf Erkundungsfreudige warten spannende Hinterhöfe und ein verstecktes Design-Wunderland, und am Abend flimmern auf dem Dach eines alten Kinos Filmklassiker über die Leinwand.

An der Stirnseite der Terazije teilt der **Albanija-Palast 1** (Palata Albanija) die Straße. Sein Name hat nichts mit dem Balkanstaat zu tun, sondern erinnert an eine Kafana, die vorher an dieser Stelle stand. Bei seiner Fertigstellung 1940 war er auch mit nur 13 Stockwerken der erste Wolkenkratzer Südosteuropas und lange Belgrads höchstes Gebäude. Im Oktober 1944 verkündete der rote

Zu seiner Eröffnung 1908 war das heutige Hotel Moskva – für 2 Mio. goldene Dinar von der russischen Versicherungsgesellschaft Rosija erbaut – das größte Privatgebäude des Königreichs Serbien.

#9 Terazije

▶ **INFOS & LESESTOFF**

Im fünfbändigen Roman **Die Fahnen,** für den Miroslav Krleža 1962 den renommierten serbischen NIN-Preis bekam, wirft eine der Hauptfiguren einen Blick in das Hotel Moskau der 1910er-Jahre und beobachtet, wie nasser Tabak geraucht und byzantinische Intrigen geschmiedet werden. 2016 erschien im Wieser Verlag die deutsche Übersetzung.

Stern der jugoslawischen Flagge an der Fassade die Befreiung von den Nazis.

Das Hotel am Hauptplatz

Belgrads zentraler Platz **Terazije** 2 wird zweifellos vom **Hotel Moskva** 3 (www.hotelmoskva.rs) beherrscht, einem der ältesten noch existierenden in der ganzen Stadt. In seiner über hundertjährigen Geschichte nächtigten rund 40 Mio. Gäste in dem Jugendstilgebäude, darunter Berühmtheiten wie Albert Einstein, Audrey Hepburn und Indira Gandhi. Wieland Wagner, Enkel des Komponisten Richard Wagner, übernachtete hier 1934, hatte aber kein Geld, um seine Rechnung zu bezahlen. Stattdessen überließ er dem Haus ein Ölgemälde, das bis heute in einem der Zimmer hängt.

KULINARISCHES FÜR ZWISCHENDURCH

Unbedingt auf eine Moskau-Schnitte (Moskva šnit) ins **Café Moskva** 1 (Terazije 20, www.hotelmoskva.rs, tgl. 7–24 Uhr | €€)! Die sahnige Obsttorte mit Mandeln, Sauerkirschen und Ananas gilt als echtes Belgrader Kulturgut. Im schicken Hof des **Azbuka** 2 (Kralja Milana 2, T 069 407 73 64, restoranazbuka.rs, Mo–Do 8–23, Fr/Sa bis 1 Uhr | €€)) wird bei Livemusik und zu Schwarz-Weiß-Filmprojektionen aufgetischt. Essen müssen Sie im **Caruso** 3 (Terazije 23/8, Mo–Fr 9–1, Sa ab 10 Uhr | €) auf dem Dach zwar nicht, aber für die grandiose Aussicht lohnt sich zumindest ein Getränk.

KUNST UND KULTUR

Das hochmoderne **Terazije-Theater** 2 (Terazije 29, http://pozoristeterazije.com) ist das einzige in Serbien, das serbische Versionen internationaler Musicals produziert.

SHOPPING-ÜBERRASCHUNGEN

Abgesehen von einem halben Dutzend Lokalen ändert sich das Angebot an Lädchen in der Seitenstraße **Nušićeva** stetig, da sich die (für Belgrad) teils wenig erschwinglichen und teils sehr nischenhaften Geschäftsmodelle nie wirklich lange halten. Lassen Sie es mich wissen, wenn Sie etwas Besonderes entdecken.

Cityplan: E 5/6 | **Bus** 26, 27, 31, E2, E9, EKO2: Terazije

Terazije #9

Kreative Ecke: Seit 2010 sitzt in den alten Läden von Belgrads erstem Einkaufszentrum das Designerviertel Čumić.

Brunnenmärkte und gute Aussichten

Der Name Terazije stammt von speziellen Reservoirtürmen, die zur Zeit der türkischen Besatzung den Wasserspiegel in den öffentlichen Trinkwasserleitungen ausgleichen sollten. Der größte dieser *terazije* stand an der Stelle des heutigen **Springbrunnens** vor dem Hotel Moskva, der wiederum anlässlich von Fürst Miloš Obrenovićs Rückkehr auf den Herrscherthron errichtet wurde.

Wundern Sie sich nicht, wenn Sie hier bei gutem Wetter eine in sich vertiefte Menschengruppe vorfinden. Dabei handelt es sich um leidenschaftliche Stickerfans, die vor allem nach Veröffentlichung eines neuen Panini-Albums fleißig handeln und tauschen. Auf Kurioses stoßen Sie auch in den Unterführungen der Terazije: Dort gibt es neben den üblichen billigen Kleidungs- und Krimskramsläden hin und wieder auch echte Merkwürdigkeiten zu entdecken.

Falls Sie lieber hoch hinaus wollen: Von den 117 m hohen **Terazije-Terrassen** 4 (Terazijska Terasa) haben Sie einen hervorragenden Ausblick auf Zeleni-venac-Markt, Belgrade Waterfront, Save, Novi Beograd und bei guter Sicht sogar auf die Region Syrmien im Westen. Allerdings dürfen die hiesigen Bäume dafür nicht in voller Blätterpracht blühen. Aber auch das ist hübsch anzusehen.

Schauen Sie unbedingt im **Belgrade Design District** 1, auch Čumić genannt, vorbei. Hier können Sie sich in zahllosen Geschäften verlieren, die so ziemlich alles zwischen Gewürzen und Kosmetik bis hin zu Kunst und Mode anbieten (▶ S. 98).

→ UM DIE ECKE

Durch die Eingänge **Terazije 36 und 38** 5 gelangen Sie in einen der fotogensten Hinterhöfe der Stadt, der sich über mehrere Gebäude hinzieht und mit einem kleinen Ausblick auf weitere Höfe endet. Im nächsten Haus befindet sich mit dem **Zvezda** ✱ (▶ S. 82) das älteste Kino Belgrads, das im Sommer unter freiem Himmel Filmklassiker auf dem Dach zeigt.

#10

Tempel und Tomaten – Vračar

Vračar mag Belgrads kleinster Bezirk sein, nichtsdestotrotz beherbergt er sein monumentalstes Gebäude: den Dom des Heiligen Sava, dessen Kuppel das Stadtbild schon aus weiter Entfernung prägt. Der Weg lohnt sich aber auch für einen Bummel über den größten Bauernmarkt der Stadt oder eine der wichtigsten Belgrader Aktivitäten – Kaffee trinken.

Die 4000 t schwere Kuppel des Tempels des Hl. Sava wurde 1989 mit einem speziellen Lift im Inneren auf 40 m Höhe geschoben – ein nationales Medienereignis.

Willkommen heißt Sie in diesem Stadtteil die **Beograđanka** 1, die ›Belgraderin‹. Der 101 m hohe Wolkenkratzer, in dem sich Läden, Büros sowie Radio- und TV-Studios befinden, stammt aus dem Jahr 1974. Es ist nicht nur eines ihrer Wahrzeichen, sondern auch Symbol ihres Goldenen Zeitalters in den frühen 1970er-Jahren.

Vračar #10

Das singende, klingende Brünnchen

Gegenüber dem **Blumenplatz** (Cvetni Trg), der seit seiner übermodernen Renovierung ein wenig Charme eingebüßt hat (den schönen alten Bauten zum Trotz), steht das **Jugoslawische Schauspielhaus** 1 (Jugoslovensko dramsko pozorište). Das traditionelle Theater befindet sich seit den späten 1940er-Jahren an dieser Stelle, allerdings in unterschiedlichen Gebäuden. Das jetzige, mit diversen Architekturpreisen bedachte Theaterhaus wurde im Mai 2003 eingeweiht, nachdem das vorangegangene 1997 wegen eines technischen Fehlers abgebrannt war.

Bis in die 1880er-Jahre noch ein Ententeich am damaligen Stadtrand, ist der **Slavija-Platz** 3 (Trg Slavija) heute eine der meistbefahrenen Straßenkreuzungen Belgrads: Sieben Straßen und mit Bus, Trolleybus und Straßenbahn alle öffentlichen Verkehrssysteme der Stadt kommen hier zusammen. Bis 2016 schmücken noch Grünflächen und eine Statue des sozialistischen Politikers Dimitrije Tucović, nach dem der Platz auch zeitweise benannt war, das Rondell in der Mitte des Kreisverkehrs. 2018 hat der Slavija ein gründliches und durchaus kontroverses Umstyling hinter sich gebracht. Nun können Sie dort nicht nur einen modernen Fontänenbrunnen sehen, sondern auch hören – es handelt sich nämlich um einen Musikbrunnen.

Kathedralen für Büßer und Bücher

Beim Spaziergang durch die Umgebung dürfte er Ihnen schon aufgefallen sein: Der **Dom des Heiligen Sava** 4 (Hram Svetog Save), unter dessen 65 m hoher Kuppel 10 000 Gläubige Platz finden. Die ersten Vorbereitungen für eines der größten orthodoxen Heiligtümer der Welt begannen bereits 1894 an der Stelle, wo der Legende nach im Jahr 1594 die Reliquien des ersten serbischen Erzbischofs Sava verbrannt wurden. Mit dem eigentlichen Bau wurde 1935 begonnen, sodass kurze Zeit später der Zweite Weltkrieg und die Bombardierung Belgrads zu einem abrupten Abbruch führten. Auch in der Ära des kommunistischen Jugoslawiens Titos pausierte der Bau und wurde erst 1985 wieder aufgenommen. Finanziert wurde die Konstruktion ausschließlich aus Spendengeldern.

A AUSSICHT

Hier gibt es etwas zu sehen: In der **Kralja Milana** steht seit 2018 das erste offizielle (soll heißen von Hilton selbst betreute) **Hilton-Hotel** 2 der Region. Vom Dach hat man einen ganz hervorragenden Ausblick auf die Stadt, der selbst die etwas teureren Getränke wert ist.

Bunte Blumentöpfe weisen den Weg zum Hinterhof-Café Topolska 18, wo Sie vielseitige Lektüre und schnurrende Gesellschaft erwarten.

#10 **Vračar**

Cityplan: F–H 7–9 | **Straßenbahn** 9, 10, 14, **Bus** 19, 21A, 22, 29, 31, 33, 36, 48, 78, 83, E1, E9, EKO2, A1: Trg Slavija

INFOS/ÖFFNUNGSZEITEN

Jugoslawisches Schauspielhaus :
Kralja Milana 50, www.jdp.rs, Karten 500–1500 RSD (engl. Untertitel)
Dom des Heiligen Sava 4 : http://hramsvetogsave.rs, tgl. 7–20 Uhr, Eintritt frei
Nikola-Tesla-Museum 7 : Krunska 51, T 011-243 38 86, www.tesla-museum.org, Mo 10–18, Di–So 10–20 Uhr, 800 RSD

KAFFEE UND KUCHEN

Bei **Njegoševa** 1 (Njegoševa 6, T 062 79 00 98, tgl. 16–22.45 Uhr | €) gibt es die besten Palačinka (Pfannkuchen) der Stadt, klassisch-serbisch mit Nutella, Banane und geriebenen Plasma-Keksen. Im trendy Café **Single Origin** 2 (Makenzijeva 47, @singleorigin.bg, Mo–Fr 7–19, Sa/So 9–19 Uhr | €) werden Kaffeespezialitäten und Frühstücksbrunch bis 16 Uhr serviert, im niedlichen Büchercafé **Knjigodrom Topolska 18** 3 (Topolska 18, Mo–Fr 8–24, Sa/So ab 10 Uhr | €) mit Katze auf dem Schoß. Bei **La Scintilla Tartlets & Cannoli** 4 (Mutapova 65, T 063 43 53 23, @la_scintilla_belgrade, Mo 12–20, Di–Sa 9–21, So 9–16 Uhr | €) locken ausgezeichnete italienische Gebäckkreationen. Das **Dokolica Bistro** 5 (Kralja Milutina 1, www.facebook.com/DokolicaBistroVracar, Mo–Do 9–23, Fr/Sa bis 23.30, So 10.30–23 Uhr | €) hat eine kleine, aber ausgezeichnete Speisekarte, u. a. hausgemachte Pasta, und wenn es Pizza sein soll, dann am besten bei **Botako** 6 (Nevesinjska 6, www.pizzabotako.rs, tgl. 9–23.30 Uhr).

Direkt nebenan steht seit 1973 die **Nationalbibliothek** 5 (Narodna biblioteka Srbije), die größte Bibliothek und mit Gründung im Jahr 1832 die älteste Institution des Landes. Ihre drei Sammlungen bestehen aus insgesamt 6 Mio. Objekten, die in Serbien erstveröffentlicht wurden, von serbischen Autoren stammen oder sich mit Serbien befassen. Hinzu kommen Werke in der Digitalbibliothek, die als Teil von Projekten wie der World Digital Library serbisches Kulturgut via Internet zugänglich macht.

Grüner Strom

Sollte Ihnen gerade der Magen knurren, kommt der **Kalenić-Markt** 6 (Pijaca Kalenić) gerade recht. Am lebendigsten ist Belgrads größter Grüner Markt zwar in den Morgenstunden, aber auch später finden Sie hier ein reichhaltiges Angebot an Obst, Gemüse, Fleisch und Spezialitäten, direkt vom Erzeuger und zu außerordentlich günstigen Preisen. Mit etwas Geduld und Neugier entdecken Sie vielleicht auch etwas auf dem angeschlossenen Flohmarkt.

Zehn Fußminuten entfernt beherbergt das **Nikola-Tesla-Museum** 7 (Nikola Tesla Muzej) in einer prachtvollen Villa aus dem Jahr 1929 den gesamten Nachlass des großen serbischen Wissenschaftlers (1856–1943). Gegründet 1952, lagert das Museum u. a. 160 000 Dokumente, 2000 Bücher und Tagebücher sowie 1000 Skizzen des Erfinders des Wechselstromsystems in seinem Archiv. Außerdem finden sich originale Maschinen sowie funktionierende Modelle, die bei Führungen gezeigt werden. Tesla selbst, dessen Urne sich im hinteren Teil des Museums befindet, hatte erwirkt, dass sein gesamter Nachlass nach seinem Tode nach Belgrad gebracht wird. 1987 wurde das Museum zum Kulturgut ernannt und 2003 in das Weltdokumentenerbe der UNESCO aufgenommen.

> **UM DIE ECKE**
>
> Einer der außergewöhnlichsten Orte Belgrads ist die Kunsthandwerkersiedlung **Gradić Pejton** 8. Architekt Ranko Radović baute die von Bienenwaben inspirierten Hütten, in denen einst inzwischen größtenteils ausgestorbene Professionen wie Stempelschneider, Glasbläser oder Rahmenmacher ausgeübt wurden. Zurzeit wird Gradić Pejton leider wenig genutzt, den Abrissplänen der Stadt wirkten die Aktivisten immerhin erfolgreich entgegen.

ÜBRIGENS

Im Garten des Restaurants **Trandafilović** 7 (Makenzijeva 73, T 011 240 54 79, www.bistrotrandafilovic.com, So–Do 8–24, Fr/Sa bis 1 Uhr) steht eine zum Naturdenkmal erklärte London-Platane, die mehr als 25 m Höhe misst und bereits über 150 Jahre alt ist.

Auch wenn man kein knackiges Gemüse braucht: Ein Bummel über den Kalenić-Markt ist schon optisch ein Erlebnis.

Titos letzte Ruhe – **Dedinje**

Man mag es als Ironie der Geschichte sehen, dass sich das Mausoleum des jugoslawischen Präsidenten und revolutionären Kommunisten Josip Broz Tito inmitten von luxuriösen Villen im wohlhabendsten Teil Belgrads befindet. Andererseits fühlt er sich vielleicht auch ganz wohl hier, gibt es doch auch diverse Botschaften, das Königliche Schloss und das Museum der Geschichte Jugoslawiens.

Das Museum des 25. Mai wurde Staatschef Tito 1962 von der Stadt Belgrad zum Geburtstag geschenkt. Man wird ja nur einmal 70, da darf es ruhig etwas Größeres sein.

Luxuriöse Villen hinter hohen Mauern, in denen die Prominenz residiert – Dedinje kann man getrost das Dahlem, Bogenhausen und Blankenese Belgrads nennen. Ehe sich die Stadt bis hierher ausbreitete, bestand der Bezirk aus Weinbergen, Obstgärten und Bauernhöfen, aber wie so oft: Wenn einer den Anfang macht, folgt der Rest. Und als die Karađorđević-Dynastie nach dem Ers-

ten Weltkrieg in Dedinje anfing, ihre Schlösser zu bauen, tat Belgrads Industrie-, Banker- und Kaufmannsadel es ihr gleich. Mit Einzug des Kommunismus 1945 wurden sie zu Staatsfeinden erklärt und von der neuen politischen und militärischen Elite (darunter Tito) abgelöst – und die wiederum in den 1980er-Jahren von neureichen Staatsmännern (darunter Milošević), dubiosen Geschäftsmännern oder schlicht Kriminellen. Heute stehen hier zwischen den Namen serbischer Berühmtheiten und solcher, die es werden wollen, auch zahllose internationale Namen an den Klingelschildern. Vor allem in den Straßen zwischen Bulevar kneza Aleksandra Karađorđevića und Neznanog junaka sowie in der wenig subtil ›**Diplomatenkolonie**‹ 1 getauften Gegend südlich des Stadions Rajko Mitić können Sie fremde Länderkennzeichen zählen. Die größte Flagge flattert hinter den verschlossenen Toren der Užička 23: dem **Wohnsitz des serbischen Präsidenten** 2.

Ein Mann und sein Land

Das meistbesuchte Museum der Stadt, das **Museum Jugoslawiens** 3 (Muzej Jugoslavije), widmet sich nicht nur dem ehemaligen Balkanstaat, sondern auch seinem kultisch verehrten Führer, Josip Broz Tito, dessen Mausoleum einen der drei Komplexe des Hauses darstellt. Im **Museum des 25. Mai** beschäftigen sich wechselnde Ausstellungen mit Kultur und Völkerkunde Jugoslawiens, im **Alten Museum** werden neben historischen Objekten vor allem Geschenke ausgestellt, die Tito während seiner Regierungszeit erhalten hat. Zu den ausgewählten Exponaten gehören ein wertvolles japanisches Tantō-Schwert aus dem 14. Jh., eine jugoslawische Flagge, die Apollo 11 zum Mond mitgenommen hat, und ein Jagdgewehr von Erich Honecker.

Das **Haus der Blumen,** von dessen Terrasse man einen einmaligen Blick auf Belgrad hat, wurde 1975 als Titos Belgrader Residenz erbaut. Auf eigenen Wunsch wurde er nach seinem Tod am 4. Mai 1980 hier in Anwesenheit von über 100 internationalen Staatsgästen beigesetzt. Abseits dieser Prominenz zählte das Mausoleum in den folgenden sechs Monaten im Durchschnitt ganze 13 500 trauernde Besucher täglich. Diese Zahl hat sich inzwischen auf 20 000 pro Jahr eingepegelt,

Obwohl am 7. Mai 1892 geboren, wurde Titos Geburtstag als Tag der Jugend am 25. Mai gefeiert. An diesem Datum war er 1944 knapp deutschen Fallschirmjägern entkommen. Zu den Feierlichkeiten gehörte die Übergabe eines Staffelstabs, der zuvor wochenlang ähnlich der olympischen Flamme durchs Land getragen wurde, mit einem symbolischen Glückwunschbrief an das Geburtstagskind. Die Stäbe sind heute im **Museum Jugoslawiens** 3 zu sehen.

#11 Dedinje

Cityplan 3: C 2 | **Bus** 34, 40, 41, 42, 49, 59, 78, 94: Bolnica Dragiša Mišović

INFOS/ÖFFNUNGSZEITEN

Museum der Geschichte Jugoslawiens 3: Mihaila Mike Jankovica 6, T 011 367 14 85, www.muzej-jugoslavije.org, Di–So 10–18 Uhr, 600 RSD, am 1. Do im Monat sowie am 4. und 25. Mai freier Eintritt

Königliches Anwesen 4: Bulevar kneza Aleksandra Karadjordjevica bb, www.royalfamily.org, geführte Bustouren auf Englisch jeden Sa 9.30/12.30 Uhr, 1000 RSD, Anmeldung beim Tourismusbüro oder unter bginfo.knezmihailova@tob.rs

KULINARISCHES FÜR ZWISCHENDRIN

Wenn schon einige von Belgrads teuersten Restaurants, dann wenigstens so lecker wie bei **Dedinje** 1 (Miloja Đaka 2A, T 011 367 57 52, restoran-dedinje.rs, tgl. 8–24 Uhr | €€€), wo auch diverse außergewöhnliche Kreationen auf der Karte stehen. Die günstige und traditionell serbische Alternative ist **Nišava** 2 (Alekse Bačvanskog 9, T 011 344 36 24, @restorannisava, tgl. 8–23 Uhr | €€).

NOCH WAS

2013 wurde auch die Witwe Titos, Jovanka Broz Budisavljević, im Haus der Blumen beigesetzt – allerdings in einem Nebengrab, da die Anhebung der massiven Grabplatte Titos einen Kran erfordert hätte.

doch bis heute kommt der Großteil davon aus den Ländern des ehemaligen Jugoslawiens.

Serbische Königlichkeit

Von April bis November ist der Komplex des **Königlichen Anwesens** 4 (Kraljevski kompleks) für Besucher geöffnet und Sie können (nach Anmeldung!) in einer geführten Tour von ca. zwei Stunden die 134 ha in Augenschein nehmen. Trotz einiger weniger Längen macht diese Führung durch die Innenräume der royalen Residenzen, bei der man sich zeitweise wie bei der Besichtigung einer zum Verkauf stehenden Prachtvilla fühlt, viel Freude. Hin und wieder kommt es sogar vor, dass das Kronprinzenpaar für Gruppenfotos dazukommt

Dedinje #11

Das Einschussloch in der Decke der Kapelle des Hl. Apostels Andreas ließ Thronerbe Alexander nicht reparieren – Geschichte müsse ihre Spuren hinterlassen.

und so herzlich wie gutgelaunt von seiner wohltätigen Arbeit sowie seiner bewegten Vergangenheit erzählt. So kam Alexander II. 1945 im Londoner Hotel Claridge's zur Welt, wohin die Familie nach der Invasion Jugoslawiens durch die Nazis geflohen war. Um ihn trotzdem zum rechtmäßigen Staatsbürger zu machen, wurde ihre Suite kurzerhand zu jugoslawischem Territorium erklärt.

Zu der Tour über das Anwesen gehören der **Königliche Palast** (Kraljevski dvor, 1924–29), dessen Architektur Byzantinismus, serbisches Mittelalter, Renaissance und Barock vereint, die **Kapelle des Hl. Apostel Andreas** (Kapela Svetog Andreja Prvozvanog), Schutzheiliger des jugoslawischen Königshauses, in der der Kommunismus ein Einschussloch in der Stirn Jesu hinterlassen hat, sowie das **Schloss Weißer Hof** (Beli Dvor, 1934–37), dessen Innenausstattung die französische Firma Maison Jansen übernahm, die später auch das Weiße Haus unter John F. Kennedy dekorierte, und das eine wertvolle Gemäldesammlung beherbergt.

Wechselhafte Geschichte: Beli Dvor, in dem sowohl Tito als auch Slobodan Milošević sehr repräsentativ residiert haben, wurde besonders im Zuge der Verhandlungen während der Krisen in Bosnien und im Kosovo bekannt. Hier führten Richard Holbrooke, Madeleine Albright, Joschka Fischer und Milošević diverse Gespräche.

→ UM DIE ECKE

Im nahegelegenen **Park Topčider** 5 steht u. a. die **Železnička stanica Topčider** 6, Heimatbahnhof des sogenannten **Blauen Zuges** 7, mit dem Tito ab 1964 seine Staatsreisen unternahm. Auch ca. 60 Staatsgäste hat der Zug über die Jahrzehnte transportiert, darunter Muammar al-Gaddafi und Queen Elizabeth II. Inzwischen ist er ein Museumsstück und kann nach Voranmeldung (mind. 48 Std. vorab unter T 011 361 68 11) besucht werden (Bulevar Patrijarha Pavla 8a, Mo–Fr 8–14 Uhr, 300 RSD). Sogar mieten kann man den Zug!

▶ INFOS & LESESTOFF

2004 wurden auf dem Karaš-Militärgelände nahe Topčider zwei junge Wachsoldaten erschossen, das Verbrechen wurde nie aufgeklärt. Das serbisch-deutsche Autorenduo Jelena Volić und Christian Schünemann verarbeitet diesen Fall fiktional in dem Roman **Kornblumenblau** (Diogenes 2013), in dem die Belgrader Ermittlerin Milena Lukin der Sache auf den Grund geht.

12

Sommerliches Urlaubsparadies – **Ada Ciganlija**

Wenn Sie im Sommer nach Belgrad kommen, ist die Ada ein Muss. Das in Werbeslogans schon als ›Meer Belgrads‹ besungene Freizeitareal war ursprünglich eine Insel in der Save und wurde zur Halbinsel mit eingeschlossenem See umgebaut. Wenn die Temperaturen in die Höhe klettern, finden Sie hier Strände und Abkühlung sowie diverse (Wasser-)Sportmöglichkeiten.

Schnorcheln und Schwimmen in ›Belgrads Meer‹ – bei Trinkwasserqualität.

Nach ein paar Tagen Pflastertreten durch die Straßen Belgrads ist es vielleicht an der Zeit für einen Kurzurlaub, um sich von Ihrem Urlaub zu erholen. Dafür gibt es kaum einen besseren Ort als **Ada Ciganlija** (von keltisch *sing* = Insel und *lia* = Meeresgrund). Das Wort *ada* bezeichnet im Serbischen

zwar eine Flussinsel, aber wenn die Belgrader ›Ada‹ sagen, meinen sie in der Regel die Ada Ciganlija oder den dazugehörigen künstlichen See.

Morgens: Laufen oder Schwimmen

Nachdem Ada früher hauptsächlich strategisch genutzt wurde, geriet sie in Vergessenheit und gewann erst zu Beginn des 20. Jh. wieder an Bedeutung. So wurde hier 1911 »Karađorđe«, der erste Spielfilm auf dem Balkan, gedreht, ein Stummfilm über den Revolutionär Đorđe Petrović, der für Serbiens Unabhängigkeit gegen das Osmanische Reich stritt. Im Ersten Weltkrieg umkämpft und bis in die 1950er-Jahre als Gefängnis genutzt, brachen dann friedlichere Zeiten für die Insel an: Sie wurde zum Refugium für Künstler und Schriftsteller wie auch für Fischer. Für den serbischen Nobelpreisträger Ivo Andrić war sie »Belgrads Bucht von Kotor« und »Grünes Juwel unserer pannonischen Flüsse«.

Sie mögen Frühsport? Dann beginnen Sie den Tag am besten am **Trimm-dich-Pfad und -Park** ❶ mit diversen Geräten und angenehmen Laufwegen. Natürlich können Sie auch schon am insgesamt 7 km langen Kieselstrand ins äußerst saubere Wasser des **Savesees** ❷ (Savsko Jezero) springen und ein paar Bahnen ziehen. Eine Pumpe befördert das Flusswasser der Save erst in eine Reinigungsanlage und dann nicht nur in den mit Algen und anderen Filterpflanzen bestückten See (und danach wieder in die Save), sondern auch als Trinkwasser in die Stadtwerke. Um die Wasserqualität des Sees zu garantieren, sind Motorboote und Hunde strengstens verboten.

Mittags: Picknick und Spaziergang

Die Umwandlung zur heutigen Urlaubshalbinsel begann in den späten 1950er-Jahren mit dem Beschluss der Stadt, die verwilderte Insel herauszuputzen: Büsche und Bäume wurden gestutzt, wofür Forstwissenschaftler der Universität Belgrad zurate gezogen wurde, und eine Uferböschung an der Außenseite geschaffen. 1967 wurde Ada nach Vorschlägen eines Mitglieds der Akademie der Wissenschaften und Künste zu Trinkwasserquelle sowie Sport- und Erholungszentrum ausgebaut.

Haben Sie die Sonne ein wenig genossen, kann etwas Aktivität nicht schaden. Ganz her-

Erste! Am Ende des 17. Jh. entstand am südlichen Ende der Ada die erste feste Brücke in Belgrad. Was heute Novi Beograd ist, war damals noch ein Sumpf, der sich bis weit in den Westen zog. Daher wurde die Überquerung auch **Lange Brücke** oder **Brücke über die Sümpfe** genannt. Angeblich war sie nach nur einem Monat fertig.

#12 **Ada Ciganlija**

vorragend eignet sich die hochmoderne 11 km lange **Radroute** um den Savesee. Räder können ganzjährig bei **Markoni** nahe dem Kreisverkehr ❸ sowie am Parkplatz auf dem Festland ❹ gemietet werden. Oder Sie leihen sich ein paar Rollerskates. Die 2006 gegründete **Skating-Schule Ada Ciganlija** ❺, die zu den größten der Region zählt, bietet Kurse für alle Altersklassen an und rühmt sich, dank modernster Lernmethoden wirklich je-

INFOS/ÖFFNUNGSZEITEN

Ada Ciganlija: www.adaciganlija.rs, jederzeit zugänglich
Markoni-Fahrradcenter ❸ **und** ❹: www.markonisport.rs, T 069 262 81 28, tgl. 9–21, auf Ada Di geschl., am Parkplatz Mo geschl., ganzer Tag 1120 RSD
Rollerskate-Schule Ada Ciganlija ❺: http://skolarolera.rs, T 062 55 00 44, Mo–Fr 9–20, Sa/So 8–21 Uhr, 45 Min. Einzelunterricht 1300 RSD
Saruna Ada Oaza ❽: T 060 335 87 77, www.wellnessoaza.rs, Mo–Fr 14–21, Sa/So 9–21 Uhr, 1850 RSD

BEWEGUNG GEFÄLLIG?

Falls es etwas Abenteuerlicheres sein darf: Auf der Insel finden Sie u. a. einen 55 m hohen **Bungee-Kran** ⓫ (Reservierung T 064 196 84 14, Mai–Sept. Di–So 14–20 Uhr, wetterabhängig, 6000 RSD), einen **Indoor-Ski-** und **Snowboard-Simulator** ⓬ (http://skitrack.rs, T 062 55 00 44, 8–23.45 Uhr, ab 4100 RSD), eine **Wasserskiseilbahn** Aqua Ski ⓭ (www.aquaski.rs, T 065 305 80 66, tgl. 8–22 Uhr, 30 Min. 2500 RSD) und einen 15 m hohen künstlichen **Kletterfelsen** ⓮ (T 064 131 31 09, spkvertikal.rs, Mo–Fr 12–22 Uhr, 400 RSD). Außerdem gibt es Tennisplätze, einen Golfplatz und diverse Ballsportplätze.

KULINARISCHES FÜR ZWISCHENDRIN

Da so ein Tag am Meer hungrig macht, sollten Sie abends in dem vorzüglichen Michelin-gelisteten Fischrestaurant **Gušti mora** ❶ (Radnička 27, T 011 355 12 68, @gusti_mora, tgl. 12–23 Uhr | €€€) vorbeischauen.

Cityplan 3: B/C 2 | Bus 23, 37, 51, 52, 53, 55, 56, 85, 85, 87A, 88, 89, 91, 92, 511, E2: Ada Ciganlija

Make love, not war! Früher als strategisch wichtige Insel umkämpft, planschen auf der Ada heute (nicht nur) Verliebte.

der und jedem innerhalb von zwei Stunden das Skaten beizubringen. Ich bin sicher nur ein besonders schwerer Fall.

Als Mittagssnack eignet sich ein klassischer Schopska-Salat in einem der 70 Lokale vor Ort, oder Sie machen es sich auf dem **Picknick- und Grillplatz** ❻ bequem und genießen Ihre eigene Verpflegung. Ist Ihnen anschließend nach einem Spaziergang, können Sie im **Wissenschaftspark** ❼ unter freiem Himmel einige schöne Experimente machen oder Sie schauen sich die 4 m hohe Daphne-Skulptur an, die nach einer Zeichnung des großen Ada-Verehrers Momo Kapor angefertigt wurde.

Abends: Entspannung und Wellness

Heute besitzt Ada Ciganlija eine Fläche von 2,7 km² und hat in der Hochsaison gern einmal bis zu 150 000 Besucher am Tag zu verkraften. Betreut wird das Ganze im Auftrag der Stadt vom Unternehmen Ada Ciganlija, das sich um Instandhaltung, Säuberung, Wasserqualität und Sicherheit (Rettungsschwimmer) kümmert.

Erholung am Nachmittag finden Sie im Fitness- und Spa-Club **Saruna Ada Oaza** ❽, dessen Wellnessbereich u. a. mit Vitaminbar, Salzwasserbecken, finnischer Sauna und Salzhöhle mit acht Tonnen Salz aus dem Toten Meer ausgestattet ist. Ebenfalls für Entspannung sorgen die kostenlosen Kurse im **Yoga-Park** ❾ (Mai–Aug. sonntags um 18 Uhr).

→ UM DIE ECKE

Im Nordosten der Insel liegt der kleine See **Ada Safari** ❿: Von hier nahm man den Sand für die Festlandanbindungen der Insel. Heute wird hier ausschließlich geangelt. Gefischt werden darf nur mit einem speziellen Schein und es muss wieder ins Wasser geworfen werden, was schwerer als 10 kg oder eine in Serbien seltene Schleie ist.

Brutalismus im Grünen – **Novi Beograd**

›Neu-Belgrad‹ ist zugleich der größte und grünste Bezirk der Stadt. Außerdem gibt es inmitten der gewaltigen alten Wohnblocks, die einen Hauch von 1970er-Jahre-Science-Fiction versprühen, die meisten Shoppingcenter. Die Wohnungen hier sind gefragt – entsprechend hoch ▼ klettern die Mieten.

Nicht lang schnacken, Kopf in den Nacken. Sonst verpasst man nämlich diese tolle Perspektive auf die Skybridge des Genex-Turms.

Verschlägt es Sie das erste Mal über die Save nach Novi Beograd, könnten Sie leicht einen kleinen Kulturschock erleiden. Gigantische sozialistische Wohnblocks und moderne Shoppingmalls auf einer weiten, flachen Ebene erinnern nur wenig an das altstädtische Belgrad am anderen Ufer – von den gleichen klappernden Bussen und Straßenbahnen mal abgesehen. Zwar kam bereits in den 1920er-Jahren der Plan auf, die westliche Sa-

ve-Seite zu bebauen, doch der Zweite Weltkrieg machte dies zunichte und erst im April 1948 wurde mit den Arbeiten begonnen. Das neue Belgrad hat aber auch ältere Wurzeln. An der Stelle des heutigen Bezirks Bežanijska Kosa im Westen befand sich bereits zwischen Jungsteinzeit und Römischem Reich ein von Serben bewohntes Dorf.

Zeitreise mit dem Fahrrad

Schwingen Sie sich für Ihre Tour am besten aufs Leihrad (▶ S. 113), da Sie so am leichtesten die 41 km² Fläche erkunden können. Wenn Sie die Brankov-Brücke nehmen, erreichen Sie direkt den neu angelegten **Ušće-Park** mit dem **Museum für zeitgenössische Kunst** 1 (▶ S. 71). Ihr zweiter Stopp ist der **Palast Serbiens** 2 (Palata Srbije), einer der ersten Bauten im Viertel, der heute wie eine in die Jahre gekommene Sci-Fi-Kulisse wirkt. Im Inneren der Stahlbetonkonstruktion mit Marmorfassade gibt es u. a. sechs Salons, die mit traditionellen Motiven und charakteristischen Details jeweils einer der ehemaligen Republiken Jugoslawiens gewidmet sind. Früher Sitz des Bundesexekutivrates und des jugoslawischen Präsidenten, sind hier heute diverse Ministerien untergebracht.

Der 1977 im Brutalismus entworfene und als westliches Stadttor bezeichnete **Genex-Turm** 4 (Geneks Kula) ist mit seinen 117 m nach den diversen modernen Neubauten der frühen 2020er nur noch das vierthöchste Gebäude Belgrads, aber dafür unangefochten eines der beeindruckendsten. Ursprünglich für die Import-Exportfirma Genex erbaut, besteht das Gebäude aus zwei Teilen, einem früheren Büroblock und einem noch immer genutzten Wohnblock. Seit 2013 auch das Drehrestaurant in der Skybridge im 26. Stock aus finanziellen Gründen geschlossen wurde, dient der sträflich vernachlässigte Turm hauptsächlich als Film- und Fotomotiv.

Sehenswert ist auch das mit 972,5 m längste Wohngebäude Ex-Jugoslawiens, das sich durch Block 21 schlängelt – Spitzname **Mäander** 5. Die stilistisch interessantesten Wohnblocks finden Sie am **Bulevar Milutina Milankovića.** Radeln Sie zum Abschluss Ihrer Runde zur **Save-Promenade** 6 von Block 70. Hier liegen zahlreiche Splavs mit Bars und Restaurants, deren Angebote breit variieren, die aber alle den wunderbaren Wasserblick

Als das ehemalige **Ikarus-Global-Gebäude** 3, der einzige Art-déco-Bau Novi Beograds, 2017 abgerissen werden sollte, regte sich lautstarker Protest und die Erben der früheren Geschäftsführer forderten das verstaatlichte Haus zurück. Erst als der Investor bekundete, das alte Gebäude in das neue integrieren zu wollen, beruhigte sich die Lage.

Über dem Eingang zum Genex-Turm versteckt sich das erste offiziell von der Stadt in Auftrag gegebene Graffito Belgrads.

#13 **Novi Beograd**

und die Aussicht auf Ada Ciganlija und Ada-Brücke gemein haben. Gerade bei schönem Wetter sollten Sie reservieren, da wirklich alle guten Plätze besetzt sind.

> **UM DIE ECKE**
>
> Noch ein Beispiel futuristischer Monumentalarchitektur der 1970er-Jahre ist das 2023 frisch renovierte **Sava-Center** ❶, bis heute das größte Kongress- und Eventzentrum Serbiens und auch eines der größten in Europa. Neben politischen Gipfeln finden heute vor allem Konzerte oder Internationale Festivals wie das Belgrader Filmfest und das BITEF statt (Milentija Popovića 9, www.savacentar.net).

KULINARISCHES FÜR ZWISCHENDRIN

Der Name **Vagon Victoria** ❶ (Bulevar Zorana Đinđića 44, T 011 260 74 36, www.facebook.com/VagonVictoria, tgl. 8–1 Uhr | €€)) ist Programm, dazu gehört nämlich ein alter Eisenbahnwaggon. Und das **GlutenNo** ❷ (Jurija Gagarina 14E, T 011 630 60 42, www.glutenno.rs, Mo–Fr 9–18, Sa 9–16 Uhr | €) ist Belgrads erstes komplett gluten- und teilweise laktosefreies Restaurant.

Cityplan 3: B/C 1/2 | **Bus** 16, 65, 67, 71, 72, 75, 77, 78, 83: Šest kaplara, Straßenbahn 7, 9, **Bus** 27E, 35, 68, 95, E1, E6, EKO1: Blok 21

Serbiens Moderne –
Museum für zeitgenössische Kunst

»Das Kunstwerk ist eine imaginäre Insel, die rings von Wirklichkeit umbrandet ist«, sagte der spanische Philosoph José Ortega y Gasset einmal. Das beschreibt dieses Museum ganz hervorragend, das im Meer von Neu-Belgrads schnörkellosen architektonischen Tatsachen wie eine Insel der Kunst schwimmt.

Auch Komiker und Künstler Karl Valentin war nicht realitätsfern mit seiner Meinung: »Kunst ist schön, macht aber viel Arbeit«. Das fasst wiederum gut zusammen, wieso die Renovierung des Belgrader **Museums für zeitgenössische**

Auf die Perspektive kommt es an – wer zur Interpretation eines Werkes gern mal etwas Abstand nimmt, hat in diesem Haus außerordentlich viel Platz.

#14 Museum für zeitgenössische Kunst

ÜBRIGENS

Erster Direktor des Museums war Miodrag B. Protić. Der Maler hatte bereits unzählige bedeutende Ausstellungen kuratiert sowie diverse Bücher und Texte über die Geschichte der modernen Kunst in Jugoslawien und Serbien verfasst.

Kunst 1 (Muzej savremene umetnosti) bis zu seiner Wiedereröffnung 2017 ganze zehn Jahre beansprucht hat. Falls das ausgeklügelte Marketingstrategie war, war sie ein Erfolg, denn in den ersten zwei Monaten zählte das Haus 70 000 Besucher, eine Zahl, die selbst die kühnsten Erwartungen der mutigsten Kuratoren überstieg.

Ich selbst begutachtete das Museum das erste Mal an einem neblig-kühlen Dezembermorgen mit einer Freundin aus Berlin. Mit einem Belgrader Frühstück auf die Hand – Börek plus Joghurt – spazierten wir über die Brankov-Brücke und am Save-Ufer entlang, bis die außergewöhnliche Form des Museums zwischen den Bäumen des umliegenden **Ušće-Parks** zum Vorschein kam. Seine Geschichte beginnt im Jahr 1958, als der Kulturrat des Volksausschusses der Stadt beschloss, eine Moderne Kunstgalerie zu gründen. Diese sollte sich der Entwicklung jugoslawischer und serbischer Kunst des 20. Jh. widmen. Geplant, getan: Im darauffolgenden Jahr

---

INFOS/ÖFFNUNGSZEITEN
Museum für zeitgenössische Kunst 1: Ušće 10, Blok 15, msub.org. rs, Mo, Mi, Fr, So 10–18, Do/Sa 12–20 Uhr, 600 RSD, Mi frei

DEPENDANCEN
Zum Museum gehören der **Salon des Museums für zeitgenössische Kunst** 2 (Pariska 14, Mi–Mo 12–20 Uhr, ausstellungsabhängig, Eintritt frei), 1961 Belgrads erste Kunstgalerie mit Augenmerk auf junge Künstler und zeitgenössische Strömungen, sowie die **Galerie des Nachlasses Milica Zorić und Rodoljub Čolaković** 3 (Teodora Drajzera 2, Mi–Mo 12–20 Uhr, ausstellungsabhängig, Eintritt frei) mit privater Sammlung sowie Events zu Kunst, Design, Architektur und Film.

KULINARISCHES FÜR ZWISCHENDRIN
Nach der Kunst sitzt man im **Stara Koliba** 1 (Ušće bb, T 063 10 83 14, @ restoran_stara_koliba, tgl. 12–24 Uhr | €€) urig und auf dem Wasser.

Cityplan: A–C 4–6 | **Bus** 15, 60, 84: Ušće

nahm die neue Institution die Arbeit auf. Für das neue Museumsgebäude an der Save-Mündung wurde ein Design-Wettbewerb ausgelobt, den das Architektenduo Ivan Antić und Ivanka Raspopović mit seinem Entwurf gewann. 1965 wurde das neue Gebäude als Museum für zeitgenössische Kunst neu eröffnet.

Die Kunst in der Kunst

Was den Bau aus weißem Marmor und Glas so einzigartig macht, wird einem allerdings erst im Inneren bewusst, wenn man die Stufen in die höheren Ebenen hinaufsteigt (das Museum legt Wert darauf, dass nicht von Stockwerken gesprochen wird). Es gibt nämlich keinerlei vertikale Aufteilung, festgelegte Raumgrenzen oder Flure. Der ganze Innenraum scheint eine einzige offene Halle zu sein, deren fünf Ausstellungsebenen mit insgesamt mehr als 5000 m² ineinander übergehen. Durch die offenen Treppen dazwischen können Sie auch von den oberen Ebenen aus verschiedenen Blickwinkeln die Kunstobjekte weiter unten betrachten.

Die ständige Ausstellung des Museums wechselt alle drei bis fünf Jahre und konzentriert sich neben den parallel dazu stattfindenden Wechselschauen auf die historischen Perioden, Bewegungen und Richtungen der Kunst in Jugoslawien vom 19. Jh. bis in die Jetzt-Zeit: Von Symbolismus und Impressionismus bis zu Konzeptkunst und Videoperformances ist alles dabei.

Im Zuge der Renovierung des Museums entstand rundherum ein Skulpturenpark, der einige der wichtigsten Bildhauer Jugoslawiens vereint.

Das Museum für zeitgenössische Kunst zeigt Exponate von 1900 bis heute.

> → UM DIE ECKE
>
> Während der deutschen Besatzung im Zweiten Weltkrieg befand sich auf dem Gebiet des früheren Messegeländes das **KZ Sajmište (Semlin)** 4 (𝄞 A/B 5/6). Hier waren von 1941 bis 1944 schätzungsweise 40 000 Menschen interniert, von denen fast 17 000 ums Leben kamen, darunter der größte Teil der jüdischen Bevölkerung Serbiens. Im April 1995 wurde hier eine 10 m hohe **Gedenkstatue** für die Opfer eingeweiht. 2010 schuf eine Gruppe Studierender in Zusammenarbeit mit der Geschichtswerkstatt Europa in Belgrad die Website www.semlin.info, auf der die Geschichte des Lagers dargestellt ist.

 # 15

Fließende Stadtgrenzen – **Zemun**

Wenn es nach den Bewohnern dieses Randbezirkes geht, sind Sie hier nicht mehr in Belgrad. Tatsächlich fühlt man sich nach drei Busstationen wie in einer anderen Stadt: einem alten, aber gepflegten Küstenörtchen, in dessen charmanten Gassen die Uhren noch etwas langsamer gehen. Wer frischen Fisch mag, kommt sowohl in den Restaurants als auch auf dem Marktplatz auf seine Kosten.

Recycling im Mittelalter: Nachdem Belgrad während des ungarischen Feldzugs gegen Byzanz 1127 erobert und zerstört wurde, verwendete man alten Quellen zufolge dessen Steine kurzerhand für die Mauern Zemuns.

Wenn Belgrad einen Hauch Berlin verströmt, dann ist Zemun sein Potsdam – eine (irgendwie) eigene Stadt, etwas kleiner, mit flachen Häuschen und hübschen Fußgängerzonen. Bereits in den ersten nachchristlichen Jahrhunderten gab es an der Stelle des heutigen Ortes eine Siedlung namens Taurunum. Zemun sah viele Völker und Herren kommen und gehen, war Grenzposten

des Habsburgerreichs und wurde 1955 schließlich endgültig nach Belgrad eingemeindet.

Zemuns Fischer fischen frische Donaufische

Abgesehen von dem einen oder anderen Restaurant am Donauufer Novi Beograds ist Zemun der beste Ort in Belgrad, um frischen Fisch zu essen. Entsprechend hoch ist die Konzentration an geangelten Speisekarten an der Flusspromenade **Kej Oslobođenja** bzw. dem **Zemunski kej** – wo man im Übrigen auch sehr schön flanieren kann. Die Preise spielen hier in einer nicht nur nach Belgrader Maßstäben deutlich höheren Liga. Es lohnt sich, die Karte zu studieren, ehe man sich niederlässt. Davon abgesehen seien Ihnen die Lokale **Danubius** ❶ und **Kod Kapetana** ❷ empfohlen.

Sollten Sie größere Freude an selbst zubereitetem Fisch haben, schauen Sie morgens auf dem **Fischmarkt** vorbei, der einen großen Teil des täglichen Marktgeschehens einnimmt. Die meisten der hier angebotenen Fische stammen direkt und frisch aus der nahen Donau.

Gut gestärkt und mit ausreichendem Wasservorrat geht es an den kopfsteingepflasterten Aufstieg über die Sinđelićeva zum **Gardoš-Turm** ❶ (Kula Gardoš). Zemuns sehenswertestes Gebäude wurde 1896 fertiggestellt, als einer von insgesamt fünf Türmen, mit denen 1000 Jahre ungarische Besiedlung in der Pannonischen Tiefebene gefeiert werden sollten. Da man von seinen 36 m Höhe auf einem Hügel eine vorzügliche Aussicht hat, wurde er allerdings jahrzehntelang von der Feuerwehr genutzt. Heute befindet sich in dem Turm außerdem die **Galerie Cubrilo,** die Malerei und Fotografie ausstellt.

Kulturelle und architektonische Sonderwege

Die **Glavna,** wörtlich übersetzt ›Hauptstraße‹, macht ihrem Namen mit Lebendigkeit, schönen Bürgerhäusern aus dem 19. Jh. und allerlei Sehenswürdigkeiten alle Ehre. Das Opern- und Theaterhaus **Madlenianum** war bei seiner Gründung 1998 das erste private Opernhaus Südosteuropas. Ins Leben gerufen wurde es wie das Zepter-Museum von Madlena Cepter, deren Mann Filip die gleichnamige Firma in Österreich

Am Donauufer in Zemun nimmt man auf bunten Stühlen im Grünen Platz, um aufs Blau zu gucken

#15 Zemun

Cityplan 3: B 1 | **Bus** 17, 45, 73, 83, 84, 703, 704, 706, 707: Zemun Pošta

INFOS/ÖFFNUNGSZEITEN

Gardoš-Turm/Galerie Čubrilo 1: tgl. 10–19 Uhr, 500 RSD
Madlenianum 1: Glavna 32, T 011 316 27 97, http://operatheatremadlenianum.com, Karten 500–2200 RSD

DONAUF(R)ISCHE UND SCHOKOLADE

(Fisch-)Markt Zemun 1: Masarikov trg 17, www.bgpijace.rs, Di–So 6–19 Uhr
Štark 2: Glavna 14, www.stark.rs, Mo–Fr 7.30–20.30, Sa 8–16 Uhr

KULINARISCHES FÜR ZWISCHENDRIN

Unter den höherpreisigen Restaurants am Donauufer sind **Danubius** 1 (Kej Oslobođenja 39, T 011 375 00 99, www.facebook.com/restorandanubius, tgl. 8–1 Uhr | €€) und **Kod kapetana** 2 (Kej Oslobođenja 43, T 011 210 39 50, tgl. 11–24 Uhr | €€) die besten Optionen. Ein kleiner Geheimtipp ist hingegen **Ćiribu Ćiriba** 3 (Masarikov trg 6, T 011 219 43 04, restoranciribu.rs, Mo–Fr 11–24, Sa bis 1, So 12–21 Uhr | €€), wo traditionelle serbische Küche in authentischem Ambiente teils kreativ abgewandelt wird.

ALKOHOLISCHES & KOFFEIN

Urig gemütlich ist das Barcafé **Cafeteria Gardoš** 2 (Njegoševa 53, T 061 27 20 000, www.facebook.com/cafeteriagardos, tgl. 9–23 Uhr) mit Fachwerkoptik und ruhiger Dachterrasse, lebendig ist **Crveni Rak** 3 (Beogradska 14, T 011 373 18 53, www.facebook.com/CrveniRak, tgl. 9–24 Uhr) und mit Aussicht punktet **Gardoš Pub** 4 (Grobljanska 5, T 011 373 18 53, @crvenirak, tgl. 9–1 Uhr) gleich neben dem Gardoš-Turm. Hippe Wachmacher inklusive einiger besonderer Eigenkreationen sowie Süßes gibt es bei **Kafeterija Kofilin** 4 (Trg Branka Radičevića 2, @kofilin.srbija, Mo–Fr 7.30–22, Sa ab 8, So ab 9 Uhr).

gegründet hat. Die Neugründung (und Rekonstruktion) rettete auch das Gebäude, das in den 1950er-Jahren als Zemuner Nationaltheater gebaut worden war, aber nach langem Abstieg in den 1990er-Jahren sogar als Einkaufszentrum fungierte. Das vielfältige Repertoire reicht von serbischen und balkanesischen Stücken über internationale Klassiker wie »Les Misérables« und »Don Giovanni« bis hin zu Elfriede Jelineks »Schatten (Eurydike sagt)«.

Das in Belgrad einzigartige neugotische **Haus des Spirta** 2 entstand im 19. Jh. als eines der ersten Wohnhäuser im alten Ortskern, die ein Hochparterre aufwiesen. Es gehörte der reichen und einflussreichen Familie Spirta, die wohl auch architektonisch aus der Masse herausstechen wollten. Das Heimatmuseum zu Zemuns Geschichte im Gebäude ist seit 2002 leider geschlossen.

Historisch naschen

Ein Stück die Straße runter findet sich ein Süßwarenladen von historischer Bedeutung. 1957 wurde diese allererste Filiale des serbischen Nahrungsmittelherstellers **Štark** 2 eröffnet. Bis heute gibt es hier alles von diversen Varianten der Tafelschokolade Najlepše Želje (dt. Beste Wünsche) bis hin zu den von mir heißgeliebten Erdnussflips Smoki. Natürlich werden auch klassisch Kekse abgewogen und in Papiertüten gefüllt. 1922 unter dem Namen Louit gegründet, beschäftigt Štark heute über 1100 Mitarbeiter und exportiert u. a. in die USA. Der größte Verkaufsschlager sind nach eigener Angabe – Trommelwirbel: die Schokobananen.

→ UM DIE ECKE

Die ehemalige **Taverne ›Weißer Bär‹** 3 (Kafana Beli medved) ist Zemuns einziges erhaltenes Beispiel balkanesischer Architektur. Das Fachwerkhaus, das in Aufzeichnungen von 1658 erstmals erwähnt wurde, bot Platz für Wohnungen im ersten Stock sowie ein Lokal im Erdgeschoss. Angeblich wohnte im Jahr 1717 der legendäre Habsburgerfeldherr Prinz Eugen von Savoyen hier, der im Volkslied »Prinz Eugen, der edle Ritter« sein Lager in Semlin aufschlägt, um Belgrad von den Türken zurückzuerobern.

ÜBRIGENS

Alte Gewohnheiten lassen sich schwer ablegen: Die oft beschworene Animosität zwischen Zemun und Belgrad mag daran liegen, dass Ersteres einst lange zu Österreich-Ungarn gehörte, während Belgrad auf der anderen Seite der Save zum Osmanischen Reich zählte. Noch weiter zurück reicht die Geschichte der unzähligen, Lagums genannten, unterirdischen Schächten Zemuns: Schon die Römer gruben diese als Lager und Verstecke in den Untergrund. Fast 2 km sind die 76 bisher entdeckten Gänge lang. Nachdem einige von ihnen einstürzten, füllte man sie Ende der 1980er-Jahre kurzerhand mit Beton auf.

▶ INFOS & LESESTOFF

Einen ganz anderen, sehr düsteren Blick auf Belgrad und speziell Zemun wirft der Erzähler in David Albaharis **Die Ohrfeige** (Eichborn 2007). Ausgehend von einem Mann, der zurzeit der Milošević-Regierung öffentlich eine junge Frau ohrfeigt, entwickelt sich ein kafkaesker Strudel aus serbischem Antisemitismus, persönlicher Paranoia und politischen Diskursen unter Einfluss von Marihuana.

Belgrader Museumslandschaft

EINTRITTSKARTEN … zu Geschichte, Wissenschaft und Kunst – und zu der einen oder anderen musealen Überraschung Belgrads. Hier meine Favoriten.

UND JETZT ENTSCHEIDEN SIE!

Zepter-Museum (Muzej Zepter)
Di–Fr 12–20, Sa/So 10–20 Uhr
200 RSD, So frei

● JA ● NEIN

Diese Frau meint es ernst mit der Kultur: Neben dem Madlenianum eröffnete Madlena Cepter das erste private Kunstmuseum Serbiens. Es zeigt mehr als 400 Werke serbischer Künstler ab der zweiten Hälfte des 20. Jh.

📖 D 4, https://zeptermuzej.rs

Pädagogisches Museum (Pedagoški muzej)
Di–Sa 10–18, So 10–15 Uhr
150 RSD

● JA ● NEIN

Lernen, wie gelehrt wird, kann man nicht nur an der Uni. In dem 1896 von der Serbischen Lehrervereinigung gegründeten Museum steht die Schulgeschichte Serbiens vom 9. bis ins 20. Jh. auf dem Stundenplan.

📖 D 3, https://pedagoskimuzej.org.rs

Ethnografisches Museum (Etnografski muzej)
Do–Di 9–13, 18–22 Uhr
400 RSD, Mo frei

● JA ● NEIN

Rund 200 000 Exponate wie Schmuck, Haushaltsgegenstände und Landwirtschaftsgeräte sowie eine umfangreiche Bibliothek: alles da und darum zurecht ein führendes Zentrum für anthropologische Forschung.

📖 D 4, https://etnografskimuzej.rs

Ivo-Andrić-Museum (Spomen muzej Ive Andrića)
Di–Do, Sa 10–17, Fr bis 18, So bis 14 Uhr
200 RSD

● JA ● NEIN

Einem der bedeutendsten jugoslawischen Schriftsteller ist seit 1976 dieses Gedenkmuseum in seiner ehemaligen Wohnung gewidmet. In authentischer Einrichtung sind allerhand Memorabilia zu sehen.

📖 E 6, www.mgb.org.rs

Belgrader Museumslandschaft

Jugoslawisches Filmarchiv (Jugoslovenska kinoteka)
Di–So 10–20 Uhr
200 RSD

JA NEIN

Fast täglich läuft hier einer von 85 000 gesammelten Filmklassikern, gern auch mal in Retrospektiven. Außerdem gezeigt werden u. a. eine Laterna magica von 1890 und eine Kamera der Gebrüder Lumière.
Karte 2, B/C 2, www.kinoteka.org.rs

Roma-Museum (Muzej romske kulture)
Mo–Fr 9–15 Uhr

JA NEIN

Das erste Haus seiner Art in Südosteuropa wirbt für mehr Verständnis. Dabei helfen sollen über 100 Schriften (u. a. die älteste existierende in Romanes) sowie eine Originalausgabe des ersten Buches über das Volk (1803).
Karte 3, D 1, muzejromskekulture.rs

Haus von Jevrem Grujić (Dom jevrema Grujića)
Do/Fr 15–20, Sa 11–16 Uhr
600 RSD

JA NEIN

In dem historischen Wohnhaus eröffnete 1967 der erste Nachtclub des Balkan. Heute kann man im einstigen Heim des Diplomaten Jevrem Grujić Kaffee inmitten antiker Möbel trinken und die ›Serbische Mona Lisa‹ sehen.
F 5, http://domjevremagrujica.com

Museum des Nationaltheaters (Muzej Narodnog pozorišta)
Tgl. 11–16, 18–19, 19.30 Uhr
bis Ende erste Spielpause

JA NEIN

Wenn sich im Keller schon die alten Kostüme und Kulissen stapeln, wieso dann nicht ein Museum draus machen? Das Nationaltheater gibt Einblick in die historische Entwicklung sämtlicher Gewerke der Theaterkunst.
Karte 2, D 3, www.narodnopozoriste.rs

Museum der Illusionen (Muzej Iluzija)
Tgl. 9–22 Uhr
900 RSD

JA NEIN

Spiegelkabinett, Ames-Raum und Vortex-Tunnel sind nur drei der Exponate, die die eigenen Sinne stimulieren und oft genug auch ziemlich herausfordern. Aber normal sieht man ja schließlich ständig!
E 5, muzejiluzija.rs

Belgrads Museumslandschaft

Belgrads Museen erscheinen gern mal ein wenig unorganisiert und durcheinander. Häuser werden zusammengelegt und wieder auseinander sortiert, wird das eine renoviert, lagert dessen Sammlung in einem anderen, das deswegen halb, anders oder gar nicht geöffnet hat. Einige staatliche Museen sind außerdem größeren Institutionen untergeordnet. So gehören die Freskengalerie sowie das Vuk-und-Dositej-Museum zum **Nationalmuseum** (▶ S. 31) und Manaks Haus zum **Ethnografischen Museum** (▶ S. 78). Die Residenz der Fürstin Ljubica (▶ S. 21), die Sekulić-Ikonensammlung und das KZ-Museum Banjica unterstehen hingegen dem **Belgrader Stadtmuseum** (www.mgb.org.rs). Über Nikola Tesla (▶ S. 59) und Kultstaatschef Tito (▶ S. 61) hinaus widmen sich einige Museen berühmten Persönlichkeiten – oft in deren ehemaligen Wohnsitzen. Sehenswert sind die Sammlungen zum Bildhauer Toma Rosandić, Geografen Jovan Cvijić, Schauspieler Paja Jovanović und über den mit dem Nobelpreis ausgezeichneten Schriftsteller Ivo Andrić. Auch die eigene Stadt- und Landesgeschichte spielt eine große Rolle. Neben dem **Museum Jugoslawiens** (▶ S. 61) gibt es u. a. das Serbische Staatsarchiv, das Jugoslawische Archiv und das Historische Archiv Belgrad.

INFORMATIONEN

Auch wenn **Eintrittspreise** und **Öffnungszeiten** fleißigst variieren, ist der Montag der häufigste Schließungstag und der Sonntag meist kostenlos. Einen guten **Überblick** über Belgrads Museen gibt es auf der Website des Tourismusbüros (www.tob.rs). Seit 2005 findet jedes Jahr im Mai die **Nacht der Museen** statt, an der sich inzwischen fast 200 Institutionen in mehr als 60 Städten landesweit beteiligen. An diesem jährlich unter einem anderen Motto stattfindenden Samstag sind die meisten der Museen Belgrads bis 1 Uhr nachts geöffnet, der Eintritt war zuletzt frei (www.nocmuzeja.rs).

Unter den Augen des patenten Erfinders: im Nikola-Tesla-Museum.

Belgrads Narben

Zwischen 24. März und 10. Juni 1999 warf die NATO über der damaligen Bundesrepublik Jugoslawien ihre Bomben ab. Jugoslawiens Ex-Hauptstadt trägt die Schäden dieses Bombardements noch immer in ihrem Antlitz – auch sehr bewusst als Gedenkstätten. Im Militärmuseum (▶ S. 39) gibt es immer wieder Ausstellungen zum Bombardement und es werden diverse Gegenstände der NATO gezeigt.

Ruine der Neuzeit
Jugoslawisches Verteidigungsministerium (Zgrada Generalstaba)
🕮 E 7
Nach Überzeugung der Belgrader mangelt es entweder am Geld oder einem Plan, um die prominenteste Ruine im Herzen der Stadt zu beseitigen oder instandzusetzen. Allerdings ist sie auch unbestreitbar das eindrucksvollste Zeugnis des NATO-Angriffs. Erbaut 1957 bis 1965, sollte das zweiteilige Gebäude an eine Schlucht am bosnischen Fluss Sutjeska erinnern, wobei die Straße dazwischen das Gewässer darstellte. Bis zu seiner Zerstörung im Frühjahr 1999 – die vor allem symbolischer Natur war, da er bereits nicht mehr militärisch genutzt wurde – galt der Bau als Meisterwerk der Nachkriegsarchitektur. Die Trump-Kette wollte hier vor einigen Jahren ein Hotel errichten, bekam von der Stadt aber keine Erlaubnis.
Kneza Miloša 33, an der Kreuzung zur Nemanjina, Bus 36, 78, 83, E1, EKO2: Kneza Miloša, Bus 23, 37, 40, 41, 44, 58, 74, E2: Birčaninova oder Admirala Geprata, Straßenbahn 2, 9: Trg Slavija (Nemanjina), nicht zugänglich

Nachrichten und Propaganda
RTS-Zentrale (Radio Televizija Srbije) 🕮 G 6
In der Nacht zum 24. April 1999 traf eine Bombe das Hauptquartier des serbischen Rundfunks und tötete 16 Zivilisten. Ziel war es, die nationalistische Propaganda von Präsident Slobodan Milošević zu beenden, mit der RTS damals gegen die Bevölkerung des Kosovo Stimmung machte. Amnesty International bezeichnete diesen Angriff auf ein ziviles Gebäude 2009 als Kriegsverbrechen, während die Sendeanstalt selbst 2011 ein Statement veröffentlichte, in dem sie sich für den Missbrauch als Propagandainstrument offiziell entschuldigte. Heute befindet sich direkt neben dem zerstörten Gebäude die neu errichtete Sendeanstalt, am Eingang zum benachbarten Tašmajdan-Park erinnert ein Gedenkstein an die Todesopfer.
Takovska 10, Bus 23, 24, 26, 27, 40, 41: Glavna pošta, nicht zugänglich

Der Flug des Ikarus
Hauptquartier der Luftwaffe (Komanda vazduhoplovstva)
🕮 Karte 3, B1
Das bis heute größte Bauwerk im Stadtteil Zemun wurde 1935 nach Entwürfen des Architekten Dragiša Brašovan fertiggestellt und ist nicht nur ein einzigartiges, sondern auch ein besonders beeindruckendes Beispiel moderner Architektur im ehemaligen Jugoslawien. Der dekorative Clou ist die recht martialische Darstellung des fliegenden Ikarus an der Fassade zur Hauptstraße. Am Morgen des 5. April 1999 wurde das Gebäude von zwei Raketen getroffen. Die Gedenkplatte für die während der Angriffe gefallenen Angehörigen der Luftwaffe am rechten Vorsprung der Front gibt es seit 2000.
Avijatičarski trg 12, Bus 17, 45, 73, 83, 84: Zemun (pošta), nicht zugänglich

Das alternative Belgrad

Wenn es um die Entwicklung von Großstädten geht, dann liegt irgendwo zwischen Verarmung und Gentrifizierung eines Stadtteils das alternative Revival – wenn in verlassenen oder zerfallenen Häusern plötzlich Bars und Kunsträume entstehen, aus der Not eine kreative Tugend und die halb zerfallene Ziegelwand plötzlich trendy wird. Was in mancher modernen Metropole schon programmierte Masse ist, ist in Belgrad noch authentische Lebendigkeit.

Sich nicht unterkriegen lassen
Kino Zvezda (Novi Bioskop Zvezda) 📖 E 6
Seit 1911 existiert das älteste Kino Belgrads bereits, doch seine besten Zeiten hat es hinter sich gelassen. Nachdem in den frühen 2000er-Jahren der Großteil der verfallenden Lichtspielhäuser in der Stadt an private Investoren verkauft wurde, die Fast-Food-Buden daraus machten, besetzte eine Gruppe Studierender und Filmschaffender 2014 das Zvezda, um es wiederzubeleben. Gegen Sabotageakte wie das Abstellen des Stroms setzten sie sich erfolgreich zur Wehr. Seitdem werden hier in den wärmeren Monaten (die Heizung funktioniert nicht) kleine Arthouse-Werke, jugoslawische Kultfilme und Hollywood-Klassiker für kleines Geld gezeigt – im Sommer auch Open Air auf dem Dach des Gebäudes. Unbedingt hingehen und unterstützen!
Terazije 40, Bus 29, 31, E9, EKO2: Terazije, aktuelles Programm unter www.facebook.com/novibioskopzvezda, 350 RSD

Alternative Fußwege
Free Walking Tour 📖 Karte 2, D 3
Eine der Thementouren der ganz hervorragenden Belgrader Free Walking Tours bringt Sie zu den alternativen Hotspots der Stadt: Streetart aus jugoslawischen Zeiten, Kulturzentren in ehemaligen Industriebauten, urbane Legenden und elektronische Musik, Lifestyle und Nachtleben abseits des Mainstreams.
belgradefreetour.com, Treffpunkt Trg Republike, Bus 24, 26, 37, 43, 44, E2: Trg Republike, Mo, Mi 13, Sa 16.30 Uhr (Reservierung empfohlen), 600 RSD

Kunst im Chaos
Kvaka 22 📖 Karte 3, C 2
Auf Initiative einer Gruppe von Künstlern entstand dieser offene Raum für Kunst, Kultur und Begegnungen. In monatelanger Aufräumarbeit brachte das Kollektiv ein altes Gebäude auf Vordermann, in dem das Militär Musikinstrumente einstauben ließ, und hauchte den drei Etagen plus Terrasse neues Leben ein. Nun finden hier regelmäßig Ausstellungen, Filmvorführungen und Konzerte statt, unterstützt u. a. vom Goethe-Institut und vorangebracht von jungen Kreativen, die Ideen, aber keine räumlichen Kapazitäten haben.
Ruzveltova 39, T 062 811 00 71, http://kvaka22.com, Eintritt/Zeiten nach Programm, Bus 65, 74: Braće Ribnikar, Bus: 25, 27, 32, 66, Straßenbahn 12: Novo groblje

Kreativoase
Dorćol-Platz 📖 G 3
Die 1600 m² eines alten Firmengeländes dürfen nicht ungenutzt vor sich hin gammeln, so der Gedanke einer Freundeclique, die in der Nachbarschaft des Areals wohnten. Also machten sie kurzerhand ein neues Kulturzentrum daraus. In zwei Hallen und auf einem großen Platz dazwischen kommen immer wieder Kreativschaffende zusammen,

Das alternative Belgrad

veranstalten Feste, Märkte und andere Events und verkaufen Kunsthandwerk oder nachhaltige Nahrungsmittelkonzepte. Den schicken Küchenschrank aus Donautreibholz, den ich hier gefunden habe, gebe ich nicht mehr her.

Dobračina 59b, T 063 870 80 00, www.dorcolplatz.rs, Veranstaltungen laut Kalender, Straßenbahn 2, 5, 10, Bus 24, 26, 79: Dorćol (Kneginje Ljubice)

Wohnzimmerkonzerte
Strogi Centar 📍 E 4

Die Wände im Hochparterre dieses klassischen Herrschaftswohnhauses sind mit afrikanischen Malereien (und Grace Jones!) geschmückt. Im größten der Räume lauscht die Belgrader Boheme der Gegenwart mehrmals die Woche Musik von klassischem Jazz bis hin zu experimentellem New Wave Funk – am liebsten zu Gin Tonic statt dem Belgradtypischen Bier.

Gospodar Jevremova 43, T 061 136 91 99, @strogi_centar, Straßenbahn 2, 5, 10, Bus 24, 26, 79: Dorćol (Kneginje Ljubice), So–Do 12–24, Fr/Sa bis 1 Uhr

Neues Leben für alte Arbeit
Ciglana Klub 📍 Karte 3, D 2

Eine Gruppe um den Bildhauer Viktor Kiš hat diese ehemalige Ziegelfabrik zu einem postindustriellen Wunderland für alle denk- und nicht denkbaren Events zwischen Kunst, Musik und Gemeinschaft gemacht. Neben Ateliers, Galerien und einem Club ist Ciglana vor allem Heimat des jährlichen Dev9t-Festivals, das u. a. auch offene Workshops veranstaltet. Wollen Sie Ciglana einen Besuch abstatten, nehmen Sie am besten ein Taxi bis vor die Tür. Es kann sich als knifflig erweisen, an der abgelegenen Straße das richtige Fabrikgelände mit schemenhaft erkennbarem Schornstein zu finden.

Slanački put 26, T 063 37 31 93, www.facebook.com/CiglanaKlubLjubiteljaTeskeIndustrije, Bus 35, 202: Trudbenička, Do/Fr 16–24, Sa 11–1 Uhr, Konzerte und Veranstaltungen laut Programm

Fleisch schütteln
Drugstore 📍 Karte 3, C 1

Belgrads Clubszene hat durchaus ihr Schickeria-Publikum, doch in diesem alten Schlachthaus mit Industrial-Atmosphäre treffen Sie garantiert keine Exemplare dieser Gattung. Dafür trinken und tanzen hier gut gelaunte Menschen, die alle irgendwie ein wenig quer gehen, und jubeln auftretenden Acts von internationalen Indie-Bands bis zu balkanesischen LGBT-Ikonen zu. Hin und wieder geben transdisziplinäre Kunstevents bei Tageslicht selbst offenen Gemütern Rätsel auf.

Bulevar despota Stefana 115, T 063 828 79 28, drugstorebeograd.com, Bus 16, 23, 32E, 35, 43, 95, 96: Pančevački most, Fr/Sa 23–10 Uhr, Eintritt und Veranstaltungen laut Programm

Je nach Veranstaltung finden sich an den Ständen am Dorćol-Platz Pflanzen, Trödel, Kunst oder Kunsthandwerk. Nur Kaffeeduft liegt natürlich immer in der Luft.

Pause. Einfach mal abschalten

Auch wenn Belgrads Parks – vor allem die größeren – auf den ersten mitteleuropäischen Blick etwas verwildert aussehen, keine Sorge, es geht ihnen gut. Wer sich ins Gras werfen will, hat meistens zwei Alternativen: frisch gemäht in einem der diversen kleinen Stadtparks oder gemütlich dicht in einem der größeren Parkwälder in den Randgebieten. Aber es gibt auch versteckte Ruheoasen.

Wo Waterfront noch Kai heißt
Donaukai (Dunavski kej) 🕮 E1
Wem das untere Dorćol zu hip wird, der findet im oberen eine ganz andere Seite. Versteckt hinter Wohnblöcken liegt eine hübsch angelegte und nicht so hypermodernisierte Uferpromenade an der Donau. Geschäfte sucht man genauso vergeblich wie Trubel, stattdessen gehen hier Pärchen, Familien und Hundebesitzerinnen spazieren oder füttern Schwäne.
Dunavski kej, Bus 26: Dorćol (Dunavska), Bus 24, 79, EKO2: Dorćol (SRC Milan Gale Muškatirović), jederzeit zugänglich, Eintritt frei

Oben Park, unten Stadt
Tašmajdan-Park 🕮 F/G 6/7
Die in den 1950er-Jahren geschaffene grüne Oase im Herzen Belgrads – lokal abgekürzt ›Tasch‹ (Taš) – wurde 2010 aufwendig generalüberholt und ist einer der lebendigsten Parks der Stadt. Seinen Untergrund durchzieht ein weites Höhlensystem, das früher Salpetermine war und in den Weltkriegen als Bunker diente.
Bulevar kralja Aleksandra 43, jederzeit zugänglich, Eintritt frei, Straßenbahn 2, 6, 7, 10, 12, 14, Bus 26, 27, 33, 48, 74, EKO1: Pravni fakultet

Wohlfühlwissenschaft
Botanischer Garten Jevremovac (Botanička bašta Jevremovac) 🕮 G 5
Serbiens wichtigster – und dennoch wenig besuchter – Botanischer Garten versammelt entlang der hübsch angelegten Spazierwege zahlreiche Baumarten der Balkanhalbinsel, einen Japanischen Garten mit Pavillon und Bach sowie ein originales Gewächshaus aus dem 19. Jh.
Takovska 43, jevremovac.bio.bg.ac.rs, Bus 16, 27E, 32E, 35, 43, 58, 95, E6: Cvijićeva, Straßenbahn 2, 5, 10, Bus 79: Takovska, Okt.–April tgl. 9–16, April–Okt. 9–19 Uhr, 4200 RSD

Unter Fischen
Aquarium/Tropicarium (Javni akvarijum i tropikarijum Beograd)
🕮 Karte 3, C 2
Erst 2016 eröffnet, scheint das öffentliche Aquarium und Tropicarium noch nicht im Bewusstsein der Belgrader angekommen zu sein. Entsprechend viel Stille finden Sie noch immer zwischen den diversen Aquarien. Auch zwei Katzen laufen Ihnen in den dunklen Gängen über den Weg und suchen scheinbar einen Zugang zu den Fischen.
Milenka Vesnića 3, www.javniakvarijum.rs, T 011 403 28 73, Bus 34, 40, 41: Pedagoška akademija, Mo–Fr 12–20, Sa/So 9–16 Uhr, 500 RSD

Belgrads linker Lungenflügel
Parkwald Zvezdara (Park-šuma Zvezdara) 🕮 Karte 3, D 2
Nur 15 % dieses Stadtwaldes sind als Park gestaltet, die übrigen 116 ha wachsen, wie es ihnen gefällt. Als eine von Belgrads Haupt-Sauerstoffquellen schirmt Zvezdara es von den Abgasen der benachbarten Industriestadt Pančevo ab. Im Parkwald und seiner direkten Umgebung befinden sich u. a. die Sternwarte und das Forschungszentrum Science Technology Park.
Bus 65: Zvezdara 2, Bus 28, 40, 64, 77: Miloša Jankovića, Bus 66: Naučno-tehnološki park Zvezdara, Bus 27E: Ćalije, jederzeit zugänglich, Eintritt frei

Pause. Einfach mal abschalten

Wenn einem am Donaukai der Wind um die Nase weht, man die Augen schließt und sich nur auf Geräusche und Gerüche der Donau konzentriert, fühlt man sich fast wie am Meer.

Lesecafé
Štrik kafe knjižara F 6
Die Mischung aus Buch- und Geschenkeladen inklusive Café ist im koffeinfreudigen Belgrad durchaus keine Seltenheit. Aber dieses Plätzchen in einer Seitenstraße neben der Nationalversammlung tut das besonders lauschig, zum Interieur gehören farbenfrohe Vintagesessel und bunt geschmückte Wände mit Ziegelelementen. Hin und wieder gibt es allerdings auch literarische Events, bei denen es weniger leise zugeht.
Vlajkovićeva 7, T 011 324 19 05, @shtrikaknjiga, Bus 24, 37, 44, 58, EKO1: Pionirski park, Mo–Sa 10–21 Uhr

Berühmte Ruhestätte
Neuer Friedhof (Novo groblje)
Karte 3, C 2
Neben Soldaten aus vielen Jahrhunderten liegen hier einige der berühmtesten serbischen Persönlichkeiten, darunter Nobelpreisträger Ivo Andrić, Maler und Schriftsteller Momo Kapor und der 2018 verstorbene Schauspieler Nebojša Glogovac, der in »Belgrad Radio Taxi« (2010) mitspielte.
Ruzveltova 50, Bus 65, 74: Braće Ribnikar, Bus: 25, 27, 32, 66, Straßenbahn 12: Novo groblje, 24 Std. geöffnet, Eintritt frei

Kneten lassen für wenig Knete
Kinetico F 7
Massieren lassen können Sie sich hier wahlweise mit heißen Steinen, Bambusstäben, Schokolade oder einem zweiten Paar Hände. Nur nicht versehentlich Duftöl ins Duftfeuer gießen!
Krunska 46, T 064 489 48 14, www.kinetico.rs, Straßenbahn 2, 6, 7, 10, 12, 14, Bus 26, 27, 33, 48, 74, EKO1: Pravni fakultet, tgl. 10–23 Uhr, z. B. 30 Min. Entspannungsmassage 1700 RSD

NOCH WAS

85 Sekunden Stille: Belgrad mag keine U-Bahn haben, aber es hat einen unterirdischen Bahnhof, den **Vukov spomenik** (Železnička stanica Vukov spomenik, Karte 3, C 2). In dieser modernen und wenig belebten Station, in der Pierce Brosnan »The November Man« gedreht hat, gibt es eine 60 m lange Rolltreppe, auf der man fast eineinhalb Minuten lang abschalten kann.
Ruzveltova, Straßenbahn 2, 5, 12, Bus 25, 27, 74: Vukov spomenik, Straßenbahn 5, 6, 7, 14: Vukov spomenik (Bulevar kralja Aleksandra), tgl. 6–24 Uhr, Eintritt frei

In fremden Betten

ZUM SELBST ENTDECKEN

Mietwohnung auf Zeit
Neben den unzähligen Hotels und Hostels boomt der Markt an tageweise vermieteten Wohnungen in der Stadt, die mit üppiger Ausstattung und großzügigen Quadratmetern ab 6000 RSD pro Nacht zu haben sind. Gefunden und gebucht werden kann z. B. bei https://belgrade-apartments.net, www.city-break.rs, https://beoapartman.com und www.apartmani-u-beogradu.com. Immer noch mal selbst die angegebene Lage der Adresse per Karte checken. Wer mitten im Leben leben will, quartiert sich am besten in Stari Grad ein (z. B. Savamala, Dorćol).

PREISE

So viel kostet in etwa für ein Doppelzimmer mit Frühstück
€   unter 70 Euro
€€   70 bis 120 Euro
€€€   über 120 Euro

Auf-dem-Wasser-Betten

In der serbischen Hauptstadt feiert und isst man nicht nur auf dem Wasser, man übernachtet auch dort. Neben den Clubs, Cafés und Restaurants am Save-Ufer von Novi Beograd gibt es dort an der Donau weitere Splavs, die allerdings um vieles größer sind. Auf diesen Hausflößen befinden sich ein paar wirklich außergewöhnliche Unterkünfte, von Hostels bis hin zu geräumigen Apartments.

Eines der ältesten und das zweifellos schönste davon ist das schwimmende Hostel **Arkabarka** (🏠 Karte 3, C 1, Ušće bb, Blok 14, T 064 925 35 07, www.arkabarka.net). Besitzer Miodrag hat 2008 mit dem Zimmern seines Traums begonnen und scheint bis heute noch immer nicht hundertprozentig zufrieden mit seinem Lebenswerk zu sein, gibt es doch immer noch etwas, was man als Gast gebrauchen kann. Bereits vorhanden sind diverse Mehrbettzimmer im Hostel sowie Apartments verschiedener Preisklassen – manche mit Balkon, alle aus Holz –, die dank individueller Deko und Liebe zum Detail viel Spaß machen. Dazu gibt es ein leckeres Frühstück, kostenlose Leihfahrräder und eine Mini-Sauna.

Entlang des Ufers von Block 14 und Block 10 ankern noch andere Haus- und Hotelboote, darunter **Green House Hostel** (🏠 Karte 3, C 1, www.greenhouse.rs) oder das etwas luxuriösere Hotelschiff **Compass River City** (🏠 Karte 3, C 1). Doch keines davon kann mit dem Charme und der Einzigartigkeit von Arkabarka mithalten.

Tom Sawyer lässt grüßen: das Arkabarka

In fremden Betten

Aufenthalt mit Druck
Hotel Skala 🏠 Karte 3, B 1
Wenn Sie es nach Sightseeing und Shopping lieber ruhig haben, sind Sie in diesem beschaulichen Hotel in Zemun richtig. Der Clou: Ende des 19. Jh. befand sich in dem verwinkelten Gebäude mit urigem Keller und überdachtem Patio Serbiens erste Buchdruckerei.
Bežanijska 3, T 011 307 50 32, hotelskala. rs, Bus 17, 45, 73, 83, 84, 705: Trg Branka Radičevića | €

Tradition mit Stil
Villa 1927 🏠 Karte 3, C 2
Bald 100 Jahre ist das hübsche kleine Gebäude an einer belebten Hauptstraße alt. Einst eine der ersten Belgrader Kafanas mit Unterkunft gingen hier schon damals illustre Gäste ein und aus. Heute sind die angenehm wenigen Zimmer wunderbar stilvoll und modern eingerichtet, und im Erdgeschoss befindet sich ein schickes serbisches Restaurant, in dem es auch leckeres Frühstück gibt.
Ruzveltova 26, T 064 124 91 11, villa1927. rs, Straßenbahn 12, Bus 25, 27, 32, 65, 66, 74: Dalmatinska | €

Klassische Musterresidenz
Mercure Belgrade Excelsior 🏠 F 6
Ich empfehle ja nur ungern Kettenhotels, aber der Belgrader Standort dieser internationalen Marke besitzt tatsächlich viel Lokalcharme. Untergebracht in einem denkmalgeschützten Bau von 1924 finden sich hier nicht nur originale Buntglasfenster und Vintagemöbel, sondern auch traditionelle serbische (Wand-)Teppiche. Das Ambiente ist schick-elegant, aber niemals prätentiös und das Personal ist schlicht wunderbar. 2024 gab es zudem den Green Key für Umweltverantwortung und Nachhaltigkeit.
Kneza Miloša 5, T 011 440 29 00, all.accor.com, Bus 24, 26, 27, 37, 44, 58, E2, EKO1: Pionirski park | €

Trendiges Hipsterhotel
Savamala 🏠 D 6
Zu Beginn des 20. Jh. Warenlager, heute moderne Bleibe mitten im namengebenden Szeneviertel, mit dem Magacin (▶ S. 25) als Nachbar. Das alte Firmen- und Fabrikfeeling lebt dank Dekor und Einrichtung im schicken Industrial-Stil weiter. Wichtig bei der Buchung: Fünf der elf Zimmer haben keine Fenster.
Kraljevica Marka 6, T 011 406 02 64, www. savamalahotel.rs, Straßenbahn 2, 11, Bus 15, 16, 27E, 35, 60, 65, 67, 68, 71, 72, 75, 77, 84, 95, E6, EKO1: Brankov Most | €

Jugoslawien lebt
Yugodom 🏠 F 4
Wer seinem Belgradbesuch so viel Geschichte verleihen will wie möglich, der wohnt in dieser Unterkunft wie im alten Jugoslawien. Die Zimmer sind vollgepackt mit originalen Vintagemöbeln und -accessoires wie Radios und Tito-Stickereien. Für noch mehr Atmosphäre sorgt eine YouTube-Playlist alter jugoslawischer Popsongs und Kamellen, die sich auf der Website befindet.
Strahinjića bana 80, T 065 984 63 66, yugodom. com, Bus 24, 26, 37, 44: Dušanova, Straßenbahn 2, 5, 10, Bus 79: Pijaca Skadarlija | €

Charmantes Bed & Breakfast
Miss Depolo 🏠 H 5
Das 1928 erbaute Schlösschen liegt in der Villengegend Profesorska Kolonija, die die Stadt ursprünglich für Akademiker errichtet hat – und nur gut 80 Schritte von meiner alten Wohnung entfernt. Besitzerin Maja hat ihr ganzes Leben in dem Haus verbracht und teilt nur zu gern ihr Wissen über Belgrad. Außerdem gibt es handgemachten Schmuck zu kaufen.
Ljube Stojanovića 4, T 063 21 81 19, auf Facebook, Bus 16, 23, 27E, 32E, 35, 43, 58, 95, E6: Cvijićeva | €

Brauerei-Chic
Garni Hotel Bohemian 🏠 F 4
Die lässig-schicke Location ist einer der neuen Mieter in der ehemaligen Aleksandar-Brauerei, was vor allem das Deckengebälk der cool eingerichteten Zimmer verrät. Die sind oft großzügig geschnitten und schauen fast alle auf die Skadarska. Einige haben sogar Jacuzzis.
Skadarska 40c, T 604 06 47 36, www.bohe mian.rs, Bus 24, 26, 37, 44: Dušanova, Straßenbahn 2, 5, 10, Bus 79: Pijaca Skadarlija | €

In fremden Betten

Im Savamala sagen sich Industrial- und Vintage-Design Gute Nacht.

Flussblick mit Chic
Hotel Calisi 🏠 Karte 2, A 3
Mehr Wassernähe als in diesem aparten Neubauhotel direkt an der Brankov-Brücke bekommen Sie in Stari Grad nicht. Eröffnet 2023, sind Stil und Ambiente hier etwas gehoben, aber die Zimmer sind entsprechend komfortabel eingerichtet und bieten fast alle Balkon, wenn nicht Richtung Save, dann immerhin einen französischen zum abgeschotteten Innenhof.
Karađorđeva 35, T 011 696 58 00, www.calisi.rs, Straßenbahn 2, 11, Bus 15, 16, 27E, 35, 60, 65, 67, 68, 71, 72, 75, 77, 84, 95, E6, EKO1: Brankov Most | €€

Wo Hercule Poirot den Fall löst
Hotel Prag 🏠 E 6
Die Lobby dieses Nobelhotels in der Innenstadt scheint mit ihrer Holzvertäfelung, den güldenen Gemäldeleuchten und den Ledermöbeln direkt einem Agatha-Christie-Roman der 1920er-Jahre entsprungen. Die oberen Stockwerke und Zimmer sind hingegen topmodern. Das Restaurant im Untergeschoss war in früheren Tagen komplett als Tropfsteinhöhle gestaltet – wieso auch immer. Heute erinnern nur noch Fotos an die zweifelhafte Gestaltungsidee.
Kraljice Natalije 27, T 011 321 44 44, www.hotelprag.rs, Bus 26, 27, 29, 31, E2, E9, EKO2: Terazije | €

Alte Mitte
Royal Inn 🏠 Karte 2, C 1
Etwas teurer, aber dafür im Zentrum des Zentrums übernachten Sie in diesem traditionellen Haus mit neuem Anstrich. Gegründet 1883, ist es eines der ältesten Hotels Belgrads, das 2017 aufwendig restauriert wurde. Der neue Look ist hübsch zurückhaltend, die Fotos an den Wänden zeigen die Stadt in Gründungstagen. Beeindruckend ist das originale über 100-jährige Wandmosaik im Eingang.
Kralja Petra 56, T 011 400 26 21, royalinn.rs, Bus 19, 21, 22, 28, 29, 31, 41, E9: Studentski trg | €€

Kompakter Komfort
Belgrade Inn 🏠 Karte 2, D 2
Modernes City-Hotel im Zentrum, das den wenigen Raum dank cleverer Aufteilung bestens ausnutzt. Nicht umsonst rühmt man sich hier, das kleinste Zimmer der Stadt zu haben. Zusätzlich gibt es im Keller einen schicken Fitnessraum und eine Sauna sowie ein hervorragendes Frühstücksbuffet.
Francuska 11, T 011 400 06 60, belgradeinn.com, Bus 19, 21, 22, 27, 28, 29, 31, 32E, 41, E9: Trg republike | €€

Lokale Luxuskunst
Townhouse 27 🏠 Karte 2, B 3
Bei den günstigen Belgrader Übernachtungspreisen darf es auch gern mal et-

In fremden Betten

was glanzvoll sein. Dann unbedingt hier, wo der Luxus Köpfchen hat: Das Design ist vollständig von dem Künstler und Bildhauer Gabriel Glid inspiriert, dessen Werke Gänge und Zimmer schmücken. Das Hotel hält engen Kontakt zu diversen Geschäften der Kreativzunft, die z. B. lokale Mode, Möbel und Wein produzieren.
Maršala Birjuzova 56, T 011 202 29 00, http://townhouse27.com, Bus 15, 16, 27E, 35, 43, 52, 53, 56, 56L, 60, 65, 67, 68, 71, 72, 75, 77, 84, 95, 704, 706, 707, E6, EKO1: Zeleni venac | €€

Im Herzen der Boheme
Le Petit Piaf 🏠 E/F 4
13 gemütliche Zimmer und fünf zweistöckige Apartments unter dem Dach hat dieses Hotel an einer Seitengasse der Skadarska. Satt und glücklich machen ein Restaurant im Erdgeschoss sowie ein ausgezeichnetes Weinlokal. Abends hören Sie auch auf dem Zimmer die serbische Livemusik der Kafanas.
Skadarska 34, T 011 303 52 52, hotellepetitpiaf.com, Bus 16, 35, 43, 58, 95: Skadarska | €€

Für Design-Backpacker
Good People Hostel 🏠 E 3
Mit einem Stil, der ein wenig über Hostelstandard liegt, und einer Lage im ruhigeren Teil des angesagten Dorćol lässt sich schon mal wenig falsch machen. Die internationale Gastgebertruppe ist so liebenswert wie leidenschaftlich und die Atmosphäre in dem bunten kleinen Garten dank weniger Betten auch bei voller Belegung noch entspannt.
Knićaninova 12, T 011 262 00 41, goodpeoplehostel.com, Straßenbahn 2, 5, 10, Bus 24, 26, 79: Kralja Petra | €

Schlafen, wo früher gebadet wurde
Marquise Hotel 🏠 F 7
Dieses schicke Hotel an einer ruhigen Seitenstraße in Vračar befindet sich in einem alten türkischen Bad, was vor allem im Restaurant im Keller deutlich zu sehen ist. Versuchen Sie unbedingt, Zimmer 304 zu bekommen, zweifellos das Wohnhighlight, geräumig im obersten Stockwerk, mit Ziegelschlot und Holzgebälk.
Mišarska 6, T 011 411 71 00, www.marquisehotel.rs, Straßenbahn 7, 12, Bus 19, 21, 22, 29, 31, 74, E9, EKO2: RK Beograđanka | €

Geschichte mit Stil
Public House Hotel 🏠 E 7
Das 1925 erbaute Gebäude nahe der Innenstadt hat eine äußerst bewegte Vergangenheit hinter sich, u. a. als geplante Radiologie-Klinik, kubanische Botschaft und Bürogebäude für einen Fernsehsender. Seit 2018 wohnt man in dem Boutiquehotel so schick wie unprätentiös, inklusive einer ganz hervorragenden Spa Corner im Untergeschoss, die man mit Voranmeldung für sich allein hat.
Kneza Miloša 14, T 011 400 30 70, publichousehotel.rs, Bus 23, 37, 40, 41, 44, 58, E2: London | €

Dreisprung ins Bett
Jump Inn 🏠 D 6
Der Name und die Bilder springender Sportler an den Wänden lassen es vermuten: Der Besitzer dieser leger-eleganten Unterkunft ist ein ehemaliger Dreisprung-Profi. Die knapp 60 Zimmer des 1924 erbauten Hauses sind individuell und modern eingerichtet und bieten größtenteils einen tollen Ausblick auf Waterfront und Save. Den sportlichen Charakter unterstreicht auch das vom Hotel organisierte Sightseeing-Jogging.
Koče Popovića 2a, T 011 262 67 76, www.jumpinnhotelbelgrade.com, Straßenbahn 2, 11: Ekonomski fakultet, Bus 52, 53, 56: Kamenička | €€

Märchengarten
Villa Petra 🏠 Karte 3, B 1
Hinter der unscheinbaren Fassade eines klassischen Wohnhauses scheint die Zeit stillgestanden zu sein. Ursprünglich belassene Ziegelwände und -elemente, Holztreppen und -balustraden sowie eine grün bewachsene Fassade im Hof lassen einen ganz schnell vergessen, dass man sich in einer Metropole befindet. Vielmehr wacht man in einem romantischen Herrenhaus auf dem Land auf.
Dubrovačka 10, T 011 307 68 86, Bus 17, 45, 73, 83, 84, 703, 704, 705, 706, 707: RK Beograd | €

Beograd Cuisine

In Belgrad treffen West und Ost aufeinander – auch in der Küche: Überall schießen schicke neue Restaurants wie Pilze aus dem Boden und bieten Fusion-Gerichte sowie Variationen serbischer Klassiker an. Einige der Letzteren gehören ganz unbedingt probiert.

Wie wichtig ihnen ihr Frühstück ist, hängt bei den Belgradern vor allem von der verfügbaren Zeit am Morgen ab. Entsprechend sind zwei Varianten besonders verbreitet. Die üppigere beinhaltet z. B. frittierten Teig *(uštipci)*, abgehangenen Schinken und Schafskäse. Wenn es schneller gehen muss, gehen auch ein Börek (gefüllt mit Käse, Champignons oder Spinat) und ein Naturjoghurt, der zu jedem Bissen dazu getrunken wird. Ebenfalls beliebt am Morgen sind *prženice*, die die deutsche Küche als Arme Ritter kennt, also in Milch, Ei und Fett gebratene Toastscheiben, die es sowohl süß als auch herzhaft gibt.

Stadt- und landestypische Spezialitäten, die jedes ›echt serbische‹ Lokal, das etwas auf sich hält, anbietet, sind vor allem *kajmak* und *ajvar*. Während Letzteres eine würzige Paste hauptsächlich aus Paprika ist (bei uns auch Gemüsekaviar genannt), ist Ersteres ein cremiger Rahm, der nach dem Erhitzen von Kuhmilch an der Oberschicht abgeschöpft und gekühlt wird. Neben den auf dem ganzen Balkan beliebten Grillwürstchen (hier *ćevapi*) sei vor allem noch *karađorđeva* erwähnt, ein gerolltes Rinder- oder Schweineschnitzel, mit Kajmak gefüllt und frittiert.

ZUM SELBST ENTDECKEN

Kaffee als Lebensgefühl
Eine der liebsten Beschäftigungen der Hauptstädter ist und bleibt das Kaffeetrinken. Zwar heißt eine Verabredung zu solchem eigentlich nur ›Irgendetwas trinken und plaudern‹, trotzdem ist der Kaffee-pro-Kopf-Verbrauch hoch. Entsprechend ist die Stadt voll mit versteckten, spannenden, klassischen und coolen Cafés, deren Vorbilder Starbuck's, Kult-Sitcoms und manchmal auch einfach das Nachbarlokal sein können. Auf jeden Fall ist die Belgrader Café-Kultur groß. Nimm das, Wien!

PREISE

So viel kostet in etwa ein Hauptgericht oder Menü
€ unter 15 Euro
€€ 15 bis 25 Euro
€€€ über 25 Euro

Die Prioritäten auf den Bürgersteigen sind klar verteilt: Kaffeetische haben Vorfahrt.

Satt & glücklich

SO BEGINNT EIN GUTER TAG IN BELGRAD

Trendiger Spitzenreiter
Bloom 🍴 Karte 2, C 1
Eines der absolut besten Frühstückslokale in Belgrad, und das den ganzen Tag über! Selbst mit ordentlichem Hunger fällt die Entscheidung bei der trendig-frischen Karte oft genug so schwer, dass man sich letztendlich ohne Probleme an den frischen Säften und Smoothies, Avocado-Lachs-Toasts und Granola Bowls überisst. Glücklicherweise ist die Stimmung in dem hippen Lokal gemütlich, sodass man sich zum Verdauen Zeit lassen kann. Zumal man doch bei der Zubereitung der Speisen in der offenen Küche zusehen kann.
Gospodar-Jevremova 23, T 065 326 22 95, www.bloombelgrade.com, Bus 19, 21, 22, 28, 29, 31, 41, E9: Studentski trg, Di–Fr 8–16, Sa/So 9–17 Uhr | €

Gesund und ungesund Hand in Hand
Hari's 🍴 Karte 2, B 3
Manche mögen sich schon beim bloßen Anblick der üppigen Waffel- und Pfannkuchenkreationen sündhaft (und ein Pfund schwerer) fühlen. Aber da Sie im Urlaub sind, sollte Sie das auf keinen Fall stören. Und falls doch, können Sie ganz schnell weiterblättern zu den reichlich belegten Vollkornsandwiches und Frühstückstortillas.
Oblićev venac 18, T 064 348 15 89, restoran haris.com, Bus 19, 21, 22, 28, 29, 31, 41, E9: Trg republike, Mo–Fr 9–24, Sa/So bis 1 Uhr | €

Vinyl zum Craft Coffee
Kafe Kozmetičar 🍴 außerhalb H 8
Frühstück den ganzen Tag, musikalische Untermalung von Schallplatten und 1970er-Jahre-Mobiliar im Garten sollten eigentlich schon ausreichen, um Sie von diesem schmucken Café zu überzeugen. Nein? Dann interessiert Sie vielleicht, dass man sich hier aus Qualitätsgründen dem in Belgrad weit verbreiteten Nescafé-Fertigkaffee verweigert … Na, also!
Radoslava Grujića 25, T 011 245 25 65, www.facebook.com/kafekozmeticar, Straßenbahn 5,

Das Beste an Ferdinands ›Knedlen‹? Man kann sie zu jeder Tageszeit essen!

6, 7, 14: GO Zvezdara, Bus 19, 21A, 22, 29, 83: Vojvode Dragomira, tgl. 9–17 Uhr | €

Russischer Morgen
TT Bistro 🍴 Karte 2, C 1
Im Zuge von Russlands Angriffskrieg auf die Ukraine sind viele russische Staatsbürger nach Belgrad migriert und haben u. a. Restaurants eröffnet. Eines davon ist dieses mit Ganztagsfrühstück in hippem Ambiente, in dem Klassiker durch landestypische Variationen wie *syrniki* und *oladji* ergänzt werden. Später am Tag gibt es auch Lunch-Gerichte.
Cara Uroša 19, @tt_bistro, Straßenbahn 2, 11, Bus EKO2: Kalemegdan, tgl. 9–24 Uhr | €

Kreativ-Frühstück
Tamper Specialty Coffee & Brunch 🍴 F 7
Mein persönliches Highlight dieses recht neuen Lokals ist die extrem gemütliche kleine Außenterrasse (die allerdings direkt an der Straße liegt, falls das nicht Ihr Fall sein sollte). Aber der Grund, sich morgens hierhierzuschaffen, sind vor allem die diversen köstlichen Bowl-, Smoothie- und Avocadokreationen.
Resavska 32, T 011 40 20 134, @tampercoffee 2020, Straßenbahn 7, 12, Bus 19, 21, 22, 29, 31, 74, E9, EKO2: RK Beograđanka, Mo–Fr 8–20, Sa/So 8–18 Uhr | €

Satt & glücklich

Willkommen bei Serbuck's
Kafeterija
Der erste Starbuck's Serbiens hat erst 2019 eröffnet, sodass das Land bis dahin eigene Trendkaffeeketten hervorgebracht hat, die das Vorbild sogar mühelos toppen. Kafeterija ist die ungekrönte Königin, mit unzähligen stylishen Lokalen, grandiosem Kaffee und fantastischen Ganztagsfrühstücksoptionen wie pochierten Eiern, frischen Oats und Müslis oder Proteinpfannkuchen mit frischem Obst. Meine Lieblingsfilialen sind die spektakuläre Industrial-Variante Kafeterija Magazin 1907 an der Kralja Petra 16 und die etwas ruhiger gelegene an der Čarlija Čaplina 26.
Karte 2, B 2, Kralja Petra 16: Bus 19, 21, 22, 28, 29, 31, 41, E9: Studentski trg, Karte 3, C 1, Carlija Caplina 26: Bus 16, 23, 27E, 32E, 35, 43, 58, 95, E6: Jovana Avakumovića, kafeterija.com, meiste Filialen ca. 8–23 Uhr | €

WO ESSEN AUF NACHHALTIGKEIT TRIFFT

Saft und Salat
Tegla Bar G 8
Aus dem ursprünglichen Konzept von Salaten und Müslis in Einmachgläsern ist eine erfolgreiche und angesagte Restaurantkette geworden, in deren inzwischen mehreren Lokalen es unzählige Saft- und Smoothiemischungen gibt sowie gesunde Snacks und Sandwiches und auch leckere warme Mahlzeiten.
Baba Višnjina 48, T 011 406 79 66, @teglabar, Bus 25, 25 P, 26: GO Vračar, So–Fr –24, Sa bis 1 Uhr | €

Gesunder Imbiss
Jazzayoga F 7
Der unauffällige schmale Laden, der es trotzdem geschafft hat, außer einem Tresen Sitzgelegenheiten auf einer Galerie und einen von der Decke hängenden Flügel unterzubringen, bietet diverse sehr kreative Sandwiches, Salate und Joghurts sowie täglich eine andere Suppe – alles frisch, alles gesund und alles selbst gemacht, bis hin zum hausgebackenen Brot.
Bulevar kralja Aleksandra 48, T 011 324 21 73, http://jazzayoga.com, Straßenbahn 2L, 6, 7, 12, Bus 24, 26, 27, 74, EKO1: Resavska/Park Tašmajdan, Mo–Fr 7.30–16 Uhr (Aug. bis 15 Uhr) | €

Speisekarte aus eigenem Anbau
Smokvica Karte 2, C 1
In insgesamt fünf Restaurants im hippen Landhausstil, die über ganz Belgrad

Die Bedeutung des Namens Smokvica versteckt sich im Logo des Restaurants: Feigen. Die finden sich allerdings nirgendwo auf der Speisekarte – glatter Betrug! Aber wer könnte bei diesem Anblick nachtragend sein…?

Satt & glücklich

verteilt sind (dieses ist das erste von ihnen), kommen hier Gemüse aus eigenem Anbau und Fleisch aus eigener Züchtung von einem Bauernhof in der westserbischen Stadt Sremska Mitrovica auf den Teller. Serviert werden ausgezeichnete Gerichte – von hochwertigem Fleisch bis hin zu veganem Curry.
Kralja Petra 73, T 069 446 40 56, http://smokvica.rs, Straßenbahn 2, 5, 10, Bus 24, 26, 79: Kralja Petra, tgl. 9–24 Uhr | €€

Vegan zum Mitnehmen
Rai Urban Vege 🍴 D/E 2
Hier können Sie fleischlose Küche in stylish-gemütlichem Interieur genießen oder sich damit in der eigenen Unterkunft beliefern lassen. Die Gerichte reichen von Salaten, Falafel und Superfood hin zu pflanzlichen Varianten von Gyros, Burger, Sushi und Lasagne. Bis 13 Uhr gibt es außerdem Frühstück.
Visokog Stevana 5, T 069 108 11 08, raicatering.rs, Straßenbahn 2, 5, 10, Bus 24, 26, 79: Braće Baruh, tgl. 9–23 Uhr | €

Entgiftung nach dem Eselprinzip
Super Donkey 🍴 F 5
Das niedliche vegetarische Café serviert gesunde Bowls, Salate und Sandwiches sowie diverse Säfte und Smoothies. Ergänzt wird das Ganze durch Superfoods und Detox-Varianten und ordentliche Frühstücksoptionen. Um zu vermeiden, dass Essen im Müll landet, bereitet man hier nach dem Prinzip »was alle ist, ist alle« zu, also nicht zu spät kommen!
Vlajkovićeva 25, T 066 559 42 11, @super_donkey_, Bus 28, 41, 65, 77: Makedonska, Mo–Fr 8–18 Uhr | €

Seitan und vegan
Mayka 🍴 Karte 2, B 2
Mein persönlicher Belgrader Favorit für rein vegetarisches und veganes Essen. Dabei greift die Küche nicht nur auf Lebensmittel zurück, die von Natur aus fleischfrei daherkommen, sondern spielt auch fleißig mit den allseits bekannten Ersatzprodukten, in diesem Fall ergibt das u. a. ganz hervorragende Seitan-Steaks, -Burger und -Würstchen. Das alles in entspannter Atmosphäre und Einrichtung.
Nikole Spasića 5, T 011 328 64 33, maykabeograd.wixsite.com/maykabeograd, Straßenbahn 2, 11: Pristanište, Bus 19, 21, 22, 28, 29, 31, 41, E9: Studentski trg, Mo–Do 10–24, Fr/Sa bis 1, So 12–24 Uhr | €€

Veganes Wohnzimmer
Radost Fina Kuhinjica 🍴 Karte 2, A 2
Lassen Sie sich auf dem Weg zu diesem urgemütlichen Restaurant nicht irritieren – die Adresse stimmt und hinein geht es durch eine gewöhnliche Wohnungstür (bzw. hinter der Treppe durch zum Hinterhof). Die überschaubare Karte ist fast ausschließlich vegan, mit vereinzelten vegetarischen Ergänzungen, es gibt Hausweine und selbst gemachten veganen Mandelkäse.
Pariska 3, T 060 603 00 23 (Reservierung empfohlen), www.facebook.com/RadostFina Kuhinjica, Straßenbahn 2, 11: Pristanište, Di–Sa 14–24, So 13–21 Uhr | €

Fisch ist kein Fleisch
Oliva 🍴 Karte 3, B 1
Dieser Irrglaube ist in Belgrad noch immer weit verbreitet und auch auf der Karte dieses vegetarischen Restaurants überaus präsent. Pescetarier kommen umso mehr auf ihre Kosten, aber auch die vegane Karte wurde in den letzten Jahren fleißig ergänzt. Ein schöner Bonus ist die im brutalistischen Novi Beograd besonders charmant wirkende Holz- und Landhauseinrichtung.
Omladinskih brigada 86, T 060 668 98 85, www.restoranoliva.com, Bus 67, 68, 73, 76, 85, 94, 610, 708, EKO1: Erport siti, Mo–Fr 9–22, Sa/So ab 12 Uhr | €

....
BELGRADER INSTITUTIONEN
....

Willkommen in Serbien
Zavičaj Balkanska 🍴 D/E 6
Zweifellos mein liebstes traditionell serbisches Restaurant in Belgrad. Das mag durchaus daran liegen, dass ich hier an meinem allerersten Abend in der Stadt Lamm gegessen und meinen ersten Rakija getrunken habe. Aber das ändert nichts an der urigen Stimmung und der großartigen Küche, wie mir sogar von serbischen Freunden begeistert bestätigt

Satt & glücklich

wurde. Inzwischen haben die Betreiber sechs Lokale und in allen gibt es auch leckeres serbisches Frühstück!
Gavrila Principa 77, T 063 36 96 70 (Reservierung empfohlen), www.restoranzavicaj.rs, Bus 36, 78, 83, A1, E1, EKO2: Savski trg, tgl. 9–23 Uhr | €

Wenn schon Würstchen …
To je to 🍴 F 4
Zu Beginn meiner Serbienzeit war ich nicht der größte Fan der traditionellen Ćevapi, die mir oft zu trocken waren. Erst dieses urig-unauffällige Lokal konnte mich mit seinem saftigen Grillgut überzeugen. Am besten bestellen Sie dazu extra Kajmak und in Knoblauch eingelegte Peperoni.
Bulevar Despota Stefana 21, T 011 323 12 99, http://sarajevski-cevapi.com, Bus 16, 27E, 32E, 35, 43, 58, 95, E6: Džordža Vašingtona, Straßenbahn 2, 5, 10, Bus 79: Bulevar despota Stefana, tgl. 11–21 Uhr | €

Vom Tourismus unberührt
Stara Hercegovina 🍴 G 4
Sollten Sie Interesse daran haben, wie die Belgrader Bevölkerung im 19. Jh. zu speisen, sind Sie hier richtig. Das unprätentiöse Interieur ist original und lässt den Eindruck einer kleinen Zeitreise entstehen. Das Essen ist üppig und deftig, das Ambiente angenehm untouristisch.
Carigradska 36, T 011 324 58 56, stara-herce govina.rs, Bus 37: Vojvode Dobrnjca, Bus 16, 27E, 32E, 35, 43, 58, 95, E6: Cvijićeva, Mo–Sa 8–24, So 10–20 Uhr | €

Traditionelle Forelle
Polet 🍴 F 7
Als ich im Kreis meiner serbischen Wahlfamilie nach diesem einen klassischen Fischrestaurant fragte, dessen Name mir just nicht einfiel, schallte mir unisono »Polet« entgegen. Seit mehr als 70 Jahren ist dieses Lokal eine echte Institution – und nach meinem ersten Besuch hab ich den Namen auch nie mehr vergessen.
Kralja Milana 31, T 011 406 89 41, www. poletrestoran.rs, Straßenbahn 7, 12, Bus 19, 21, 22, 29, 31, 74, E9, EKO2: RK Beograđanka, Mo–Sa 10–23 Uhr | €

Schriftstellerspeisen
Klub književnika 🍴 Karte 2, D 2
Das Haus aus der Mitte des 19. Jh. wurde nach dem Zweiten Weltkrieg zum Treffpunkt der jugoslawischen Literaturelite – ab 1954 gingen hier einige der bedeutendsten Schriftsteller, aber auch Künstler, Schauspieler und Politiker ein und aus oder lieferten sich auch mal erbitterte Diskussionen. Heute ist der »Klub der Schriftsteller« eines von Belgrads feinsten Restaurants.
Francuska 7, T 063 33 85 38, klubknjizevnika. rs, Bus 19, 21, 22, 27, 28, 29, 31, 32E, 41, E9: Trg republike, Mo–Do 12–24, Fr/Sa 12–1, So 10–24 Uhr | €€€

Belgrads beste Pizza
Majstor i Margarita
🍴 Karte 2, B 3 und Karte 3, C 2
Für gewöhnlich versuche ich, derart strikte Zuschreibungen zu vermeiden (oder?), aber in diesem Fall kann ich nicht anders. Die gut zwei Dutzend Pizzavarianten sprühen nicht nur vor Kreativität und Vielfalt, sie sind auch so knusperdünn und groß, wie es der Wunschgedanke vorschreibt. Nicht ohne Grund wurden sie schon mehrmals zu den 50 besten Pizzen Europas gezählt.

MARKEN

›**Marke Serbenbau**‹: Da vom Westen noch wenig beeinflusst, finden Sie in Belgrad kaum große Ketten, die Sie von zu Hause kennen, dafür aber diverse Eigenmarken. **Burrito Madre** (http://burritomadre.com) lässt sich gut als Subway mit Burritos beschreiben und bei **Walter** (benannt nach einem jugoslawischen Filmhelden) finden Sie klassische Ćevapi. Sollten Sie Lust auf Belgrads Backwaren haben, sei Ihnen wärmstens die Kette **Hleb i kifle** (www.hlebikifle.rs) ans Herz gelegt, wo es neben Brot, Croissants und Kuchen auch einige serbische Kreationen gibt.

Satt & glücklich

🍴 Karte 2, B 3, Vuka Karadžića 12, T 060 480 86 21; Bus 19, 21, 22, 28, 29, 31, 41, E9: Studentski trg; 🍴 Karte 3, C 2; Bulevar Kralja Aleksandra 248A, T 060 480 86 25, Straßenbahn 5, 6, 7, 14: Batutova; majstorimargarita.rs, tgl. 9–24 Uhr | €€

Gehoben, aber nicht abgehoben
Restoran Enso 🍴 Karte 3, C 1
Wenn Sie sich schon mal Fine Dining geben, dann doch am besten, wo es günstiger ist als zu Hause. Eine dicke Empfehlung geht raus für dieses großartige, mehrfach Michelin-empfohlene Restaurant, und speziell für das ›Tasting Menu‹, bei dem mehrere Gänge mit einzelnen Wahloptionen zu einem hervorragenden Erlebnis zusammengestellt werden. Mit vorheriger Anmeldung werden Fleischgerichte sogar sehr gern vegetarisch angepasst.
Mitropolita Petra 8, T 063 59 49 24, enso.rs, Bus 16, 23, 27E, 32E, 33, 35, 43, 48, 95, 96, E6: Centar Za Kulturu Vlada Divljan, Di–So 13–24 Uhr | €€€

....
SZENETREFFS
....

Neues in der Dachkammer
New Reset 🍴 Karte 2, D 1
Noch recht jung ist dieses wahnsinnig gemütliche Lokal mit äußerst origineller Karte in Dorćol. Schon der Garten im Hof des Häuschens von 1923 präsentiert sich niedlich, doch im Inneren klettern Sie ein bis zwei schmale Treppchen hinauf in ein kuscheliges Inneres mit originalem Ofen und schrägen Wänden. Nachteil: Voll ist es schnell auch laut. Aber bei diesem Essen wird eh nicht viel gesprochen.
Gospodar Jovanova 42, T 011 328 71 97, new reset.rs, Straßenbahn 2, 5, 10, Bus 24, 26, 79: Dorćol (Kneginje Ljubice), Mo–Sa 10–24, So bis 22 Uhr | €€

Erlebnisküche
Ambar 🍴 C 4
Stellen Sie sich ein All-you-can-eat mit Sterneküche vor, dann bekommen Sie einen guten Eindruck dieses einmaligen Restaurants. Karte und Location sind schick und modern, doch der Clou ist das Unlimited Dining für 3000 RSD, bei dem Ihnen die vom ganzen Balkan inspirierten Kreationen in übersichtlichen Happen nacheinander auf den Tisch gestellt werden, bis Sie ›Stopp‹ sagen. Neues kommt erst, wenn Sie bereit sind, so wird nichts verschwendet.
Karadorđeva 2, T 011 328 66 37, ambarrestau rant.rs, Straßenbahn 2, 11: Pristanište, Mo–Do 11–24, Fr bis 1, Sa 9–1, So bis 24 Uhr | €€

Jo-ho und 'n Burger drumrum
Jolly Roger Pub 🍴 H 6
Gäbe es ein Burger-Restaurant im

Von serbischen Folklorebands sollte man sich an der Skadarska nicht abschrecken lassen, in den Restaurants wird nach wie vor authentisch gekocht.

Satt & glücklich

Piratenstil und mit Livemusik, würde Sie das interessieren? Wenn ja, herzlich willkommen. Abgesehen davon sind die Burger sehr gut und die auftretenden Bands hörenswert. Am späten Abend gibt es dann Club-Feeling.

Kraljice Marije 1, T 061 635 38 14 (abends unbedingt reservieren!), www.jollyrogerpub belgrade.com, Bus 3, 48: 27. Marta, Straßenbahn 2, 5, 10, Bus 65, 77, 79: Palilulska pijaca, Mo–Do 9–1, Fr bis 2, Sa 10–2 Uhr, Livekonzerte laut Programm | €

Street Rice
Wok Republic 🍴 Karte 2, D 3

Die gute alte asiatische Nudel- oder Reispfanne wird hier ordentlich aufgehippt serviert. Zwar gibt es die Pfannen klassisch in der Box auf die Hand, aber die Kulisse eines New Yorker U-Bahnhofs mit asiatischer Leuchtreklame lädt zum Hier-Essen statt zum Mitnehmen ein.

Francuska 5, T 011 328 28 28, www.wok-republic.com, Bus 19, 21, 22, 27, 28, 29, 31, 32E, 41, E9: Trg republike, Mo–Fr 11–24, Sa/So ab 12 Uhr | €

EXPERIMENTIERFREUDIG & UNGEWÖHNLICH

Extra-Extravaganz
Lorenzo I Kakalamba
🍴 außerhalb H 6

Sicherlich eines der verrücktesten Restaurants, in denen ich (und Sie) jemals waren! (Wetten...?) Könnten Kitsch und Tinnef sprechen, hier würden sie ohrenbetäubend schreien, so irrsinnig wie das Lokal ausgestattet ist – zur Weihnachtszeit mit entsprechend saisonalem Touch. Ach ja, das Essen! Das ist so nobel wie ausgezeichnet.

Cvijićeva 110, T 011 329 53 51, T 064 808 78 06 (Reservierung empfohlen), lk.rs, Bus 77, 79: Bistrička, Bus 28, 40: Zdravka Čelara, So–Do 12–24, Fr/Sa bis 1 Uhr | €€

Geteiltes Essen ist mehr Essen
Bistro Grad Hometown Food
🍴 Karte 2, B 2

Mein aktuelles Lieblingsrestaurant in der Stadt. Abgesehen von freundlicher und auch immer mal plauderbereiter Bedienung, eignen sich die sehr ausgefallenen Fusionsgerichte von Balkan- und Mittelmeerküche ganz ausgezeichnet, wenn Sie zu mehreren unterwegs sind und gern Verschiedenes probieren. Auch zum Frühstücken bestens geeignet!

Uzun Mirkova 5, T 011 328 58 11 (abends reservieren!), www.bistrograd.rs, Straßenbahn 2, 11: Kalemgdan, Bus 19, 21, 22, 28, 29, 31, 41, E9: Studentski trg, tgl. 9–24 Uhr | €€

Franko-Italo-Gaumenschmaus
Casa Nova 🍴 Karte 2, D 2

Die Atmosphäre ist etwas schicker, aber der Service ist super und die Speisekreationen sind nicht nur lecker, sondern zum Teil auch überraschend und kreativ präsentiert. Das alles zu vergleichsweise günstigen Preisen! Und nach dem Abendessen geht es direkt in die Bar Blaznavac (▶ S. 44) nebenan.

Gospodar Jovanova 42a, T 011 303 68 68, T 064 111 02 05 (am Wochenende reservieren!), www.casanova.rs, Straßenbahn 2, 5, 10, Bus 24, 26, 79: Dorćol (Kneginje Ljubice), Mo–Do 11–24, Fr bis 1, Sa 12–1, So bis 23 Uhr | €€

Moderner Klassiker
Ferdinand 🍴 Karte 2, B 3

Knedle – herzhafte Kartoffelklöße mit süßer Füllung und/oder Hülle – sind ein traditionelles serbisches Dessert. Doch diese kleine Kette hat das klassische Rezept (mit Pflaumen) trendy gemacht und um diverse manchmal offensichtliche, manchmal gewagte Kombinationen erweitert. Die hausgemachte Marmelade eignet sich außerdem ganz hervorragend als leckeres Souvenir.

Cara Lazara 19, T 061 515 55 57, ferdinandknedle.com, Bus 15, 16, 27E, 35, 43, 52, 53, 58, 68L, 60, 65, 67, 68, 71, 72, 75, 77, 84, 95, 704, 706, 707, E6, EKO1: Zeleni venac, tgl. 10–22 Uhr | €

Zum Essen in die Oper?
Little Bay 🍴 Karte 2, D 2

Es ist aber auch einfach zu schön, wenn jemand eine ungewöhnliche Idee hat und sie zu 100 % durchzieht. In diesem Fall ein Restaurant in der Optik eines Varietés oder Opernhauses, mit Schummerlicht, roten Vorhängen und güldenen Balkonen. Und der Look ist Programm, denn zum

Satt & glücklich

Schwer zu sagen, was bei Wok Republic der wahre Blickfang ist, die Graffiti an den Wänden oder die Pfannen-Künstler, die in der offenen Küche ihr Können zeigen.

Essen gibt es auch fast täglich musikalische Liveshows. Ach so, das ist übrigens gehoben und ganz ausgezeichnet.
Dositejeva 9a, T 011 328 89 95, 011 328 41 63, www.littlebay.rs, Bus 19, 21, 22, 27, 28, 29, 31, 32E, 41, E9: Trg republike, tgl. 9–24 Uhr | €€

Indische Kreativität
Miamiam G 9
Frankreich-Korrespondentin Marija hat sich mit diesem gemütlichen Restaurant einen Traum erfüllt und beglückt ihr weltoffenes Publikum mit eigenwilligen Kreationen wie zum Beispiel Blaubeerhummus oder Käsekartoffelbrei. Gemeinsam mit ihrem indischen Lebensgefährten hat sie die angenehm übersichtliche Karte außerdem um einige Currygerichte ergänzt.
Kursulina 39, T 065 280 65 65 (am Wochenende reservieren!), www.facebook.com/Miamiambeograd, Bus 24, 25, 26: GO Vračar, Di–So 9–23.30 Uhr | €

Goethes Gruft
Vila Maska F 10
Das Interieur dieses Lokals mit breitgefächerter Speisekarte lässt sich am besten als Fausts Studierzimmer mit alten Filmpostern und einem Hauch Gruft von Dracula beschreiben (wussten Sie, dass das Wort Vampir im Serbischen verwurzelt ist?). Sollte Ihnen das zu bissig oder verbissen sein, im Sommer können Sie hausgemachte Limonade im Außenbereich unter einem Blätterdach schlürfen. Und wenn Ihnen etwas an der Einrichtung gefällt, nur zu, vieles davon kann nämlich direkt gekauft werden.
Rankeova 7, T 062 22 18 73, villamaska.com, Straßenbahn 9, 10, 14, Bus 30, 31, 33, 36, 39, 42, 47, 48, 59, 78, 401, 402, E9: Karađorđev park, Mo–Do 8–24, Fr bis 1, Sa 10–1, So bis 24 Uhr | €€

PASTA TO GO

Eine auffällige Streetfood-Bewegung Belgrads ist die **Pasta auf die Hand.** In zahlreichen kleinen Nudelbistros kann man sich seine Wunschnudeln in oftmals sehr gelungener Soße nach Wahl zum Mitnehmen einpacken lassen, aber auch häufig sehr gemütlich im Sitzen und auf dem Teller genießen. Besonders zu empfehlen ist **Street Pasta Bar.**
E 6, Kralja Milana 6, @street.pasta.bar, Bus 26, 27, 29, 31, E2, E9, EKO2: Terazije, Mo–Fr 9–21, Sa/So 12–21 Uhr | €

Stöbern & entdecken

Flohmarkt oder Basar?

Wenn es ums Shopping – oder vielleicht passender tatsächlich Einkaufen – geht, ist Belgrad dem Osten näher als dem Westen. Zwar sind die großen internationalen Filialisten auch hier vertreten, aber vor allem das Marktkonzept ist ein anderes, da die Mehrheit der Menschen ihre Alltagsdinge nach wie vor dort besorgt.

Generell sollten Sie Ihren Besuch in Belgrad unbedingt zum Schnäppchenshoppen nutzen. Viele der Ketten wie Zara, H&M oder Deichmann sind zwar den mitteleuropäischen Preisen angepasst, aber wer die Augen offenhält, findet trotzdem etwas, das es wert ist, den Koffer auf dem Rückflug enger zu schnüren. Am ehesten gelingt das in den serbischen Läden und Boutiquen, die nicht nur an den großen Einkaufsmeilen wie der **Kneza Mihaila** (D/E 4/5, ▶ S. 33) oder **Terazije** (E 5/6, ▶ S. 53) vertreten sind, sondern vor allem in den großen Malls wie **UŠĆE Shopping Center** (Karte 3, A 5) und **Delta City** (Karte 3, B 2), **Ada Mall** (Karte 3, C 2), **Galerija** (Karte 3, B 8) oder **BIG Fashion** (Karte 3, D 1) in Karaburma.

Wer auf der Suche nach Antiquitäten und Vintage ist, dem sei gesagt, dass es das bei uns so fleißig kultivierte Flohmarktprinzip nicht gibt. Stattdessen bieten auf dem einen Straßenmarkt vornehmlich Roma altes Zeug an und kauft auf dem anderen der Großteil der Belgrader Dinge des täglichen Bedarfs. Wenn Sie auf Retromode und Accessoires aus sind, werden Sie am ehesten in Vintage-Läden fündig, die allerdings rar gesät sind.

ZUM SELBST ENTDECKEN

In Handarbeit
Ein echtes Underdog-Highlight Belgrads befindet sich hinter den Hochhäusern der Terazije und ist erreichbar, wenn Sie durch die Unterführung schräg gegenüber des Palata Albanija gehen. Hier versteckt sich das **Belgrade Design District** (Karte 2, D 3, @cumicdesigndistrict): In gut zwei Dutzend Lädchen werden Mode, Schmuck und Handwerk angeboten, alles selbst gefertigt und absolut einzigartig. Bringen Sie auf jeden Fall Zeit mit und scheuen Sie sich nicht, auch scheinbar verlassene Bereiche zu erkunden – wer sucht, der findet hier so manches Kleinod, was sowohl Laden als auch Produkt einschließt. Meine persönlichen Lieblinge sind Spice Up (▶ S. 100), die Gallery 1250° (▶ S. 101) und All Nut (▶ S. 101).

Mode von der Stange? Nicht im Atelje Petlja.

Stöbern & entdecken

BÜCHER UND MUSIK

Englisch für Fortgeschrittene
Oxford Centar 🛍 Karte 2, D 2
Ausschließlich englischsprachige Werke hat dieser niedliche kleine Buchladen im Sortiment – wer der Sprache mächtig ist, sollte auch etwas finden, falls die Urlaubslektüre noch auf dem Nachttisch zu Hause liegt. Preislich macht es nicht viel Unterschied.
Gospodar Jevremova 53, T 011 263 19 47, oxford-centar.co.rs, Bus 24, 26, 37, 44: Dušanova, Mo 9–16, Di–Fr ab 10 Uhr

Büchercafé
Delfi 🛍 F 7
Das beste Angebot an internationaler Literatur haben die großen Ketten-Buchläden, wie z. B. Vulkan (www.knjizare-vulkan.rs) oder Delfi. Im hinteren Bereich dieser Filiale ist gleich hinter der englischen Abteilung außerdem ein Café eingerichtet.
Kralja Milana 48, www.delfi.rs, Straßenbahn 7, 12, Bus 29, 31, E9, EKO2: RK Beograđanka, tgl. 9–23 Uhr

Platten und Bier
Yugovinyl 🛍 F 4
Zu den diversen Bars und Läden rund um den Partyspot der Cetinjska 15 (▶ S. 104) zählt u. a. auch diese ›Plattenbar‹. Wenn Sie sich durch die umfangreiche Vinylsammlung graben wollen, können Sie sich jederzeit auf fachkundige Beratung wie auch einen Plausch mit den Betreibern Borko and Slobodan verlassen. Sollten Sie nichts finden, nehmen Sie doch einfach ein Bier in die Sonne oder genießen die Live-DJ-Musik bei Mondschein.
Cetinjska 15, T 066 883 44 80, www.facebook.com/ProdavnicaGramofonskihPloca, Straßenbahn 2, 5, 10, Bus 79: Pijaca Skadarlija, Mo–Do 12–21, Fr bis 24, Sa bis 18 Uhr

Platten und Kaffee
Leila Records 🛍 Karte 2, C 1
Wie Yugovinyl, nur anders. Dieser Plattenladen ist vielmehr großzügiges Straßencafé mit antiquarisch anmutendem Mobiliar und gemütlicher Galerie, auf der man weiter oben sitzt. Aufgelegt wird aber auch hier am späten Abend. Und die Vinylauswahl ist ordentlich.
Gospodar Jevremova 6, T 011 324 72 58, www.leila.rs, Straßenbahn 2, 11, Bus EKO2: Kalemegdan, So–Do 9–24, Fr/Sa bis 1 Uhr

FUNDUS-LOTTERIE

Büchergasse 🛍 Karte 2, B/C 2
So ziemlich jeden Tag öffnen in einer Seitengasse der Kneza Mihaila eine Handvoll Stände, die Bücher und Schallplatten zu Spottpreisen verkaufen. Zwar braucht es Glück, ein Druckwerk zu finden, das nicht auf Serbisch oder in kyrillischer Schrift verfasst ist, aber dafür hat man beim Vinyl freie Bahn.
1300 Kaplara, Bus 29, 31, E9, EKO2: Studentski trg, tgl. ca. 11–20 Uhr

DELIKATESSEN UND LEBENSMITTEL

Die Früchte der Früchte
Jastrebačka Priča 🛍 Karte 2, D 4
Eine der ersten Entdeckungen, die ich in Belgrad gemacht habe, als ich für einige Wochen in der Nähe gewohnt habe. Die Auswahl an herzhaften Aufstrichen, Rakija-Sorten und besonderen Marmeladen, z. B. aus Tomaten, ist groß – aber auch die klassische Erdbeerkonfitüre sollten Sie probieren.
Čumićevo sokače 127, T 063 27 27 24, Bus 16, 27E, 35, 58, 95, E6: Dom omladine, Bus 26, 27, 31, E2, E9, EKO2: Terazije, Mo–Sa 12–20 Uhr

Hausmannsdelikatessen
Domaccini 🛍 F 4
Hausgemachtes mit einem etwas höheren Anspruch gibt es in diesem Delikatessengeschäft in Dorćol. Das leckere und zumindest ein Probierspießchen werte Sortiment reicht von frischem Fleisch und Käse bis zu Eingewecktem und Eingekochtem.
Cara Dušana 69, T 064 643 46 76, domaccini.rs, Straßenbahn 2, 5, 10, Bus 79: Pijaca Skadarlija,

Stöbern & entdecken

Bus 24, 26, 37, 44: Dušanova, Mo–Fr 8–19, Sa/So bis 16 Uhr

Traditionszuckerwaren
Bombondžija Bosiljčić 🅰 D 5
Ratluk ist eines der Überbleibsel des osmanischen Einflusses auf Belgrad. Die türkische Gelee-Süßigkeit, die wir als Lokum kennen, wird hier gern zum schwarzen Kaffee genommen. Den Klassiker zum Mitnehmen finden Sie neben vielem anderen seit 1936 in diesem Süßwarenladen, der zu den ältesten der Stadt zählt.
Gavrila Principa 14, T 011 262 31 71, @fini_ratluk, Straßenbahn 2, 11: Ekonomski fakultet, Bus 52, 53, 56: Kamenička, Mo–Fr 7–19, Sa 8–16 Uhr

Die gewisse Würze
Spice Up Shop 🅰 Karte 2, D 4
Selbst Gewürzprofis finden sicher noch etwas Neues in diesem einzigartigen Shop, der neben so bekannten wie raffinierten Mischungen auch Haushaltswaren u. a. aus hochwertigem Kirschholz anbietet.
Čumićevo sokače lok. 21, T 062 27 20 63, spiceup.rs, Bus 16, 27E, 35, 58, 95, E6: Dom omladine, Bus 26, 27, 31, E2, E9, EKO2: Terazije, Mo–Fr 12–19, Sa bis 16 Uhr

Gewürzromantik wie bei Oma, doch statt Salz und Pfeffer gibt es im Spice Up Shop Thai Curry und Togarashi.

FLOH- UND STRASSENMÄRKTE

Für frühe Vögel
Zemun Buvljak 🅰 Karte 3, B 1
Ein Markt, der westlichen Flohmärkten am nächsten kommt, findet einmal die Woche in unsonntäglicher Frühe in Zemun statt. Auf beiden Seiten der Straße breiten hauptsächlich Roma ihre Waren, die von Schuhen bis zu Technik reichen, auf dem Boden aus. Feilschen dürfen Sie, oft hilft es – aber lassen Sie Ihre Kamera zu Hause. Viele der Verkäufer lassen sich ungern fotografieren.
Prvomajska, Bus 15, 78: Prvomajska, Bus 18, 45, 612: OŠ Petar Kočić, So 6–10 Uhr

»Markt zum Austausch alter und defekter Waren«
Miljakovac 🅰 Karte 3, C 2
Dieser handliche Name ist tatsächlich die offizielle Bezeichnung des Marktes, der eine Portion gutes Timing benötigt. Theoretisch hat er täglich geöffnet, doch die Anzahl der tatsächlich besetzten Stände variiert abhängig von Tag, Wetter und Laune der Verkäufer. Aber wenn Sie Lust auf ein kleines Abenteuer haben oder wie ich einer ausgiebigen Straßenbahnfahrt durch bewaldete Hügel etwas Meditatives abgewinnen können, probieren Sie Ihr Glück.
Vareška, T 011 358 25 65, www.bgpijace.rs, Bus 94: Miljakovac pijaca, Bus 3A, 42: Vareška, Di–So 6–19 Uhr

Alltagsbedürfnisse
Open Shopping Center
🅰 Karte 3, B 1
Der weitläufige Straßenmarkt bietet vor allem Güter des täglichen Bedarfs an, von Lebensmitteln über Kleidung bis zu Hygieneartikeln. Die Chancen für Entdeckungen sind gering, aber eigentlich kommt man hierher, um echtes Belgrader Leben zu entdecken. Dafür lohnt mindestens ein Gang unter den Vordächern hindurch.
Proleterske solidarnosti, T 011 21 60 420, www.bgpijace.rs, Bus 17, 67, EKO1: Blok 25, Bus 68: Antifašističke borbe, Mai–Okt. Di–So 6–20 Uhr, Nov.–April 8–16 Uhr

Trödel und Tulpen
Blumenmarkt Krnjača 🅰 Karte 3, C 1
Ein wenig abseits über die Pančevo-Brücke (Pančevački most) geht es über die Donau zu diesem in erster Linie auf Blumen ausgerichteten Markt. Oft hat

Stöbern & entdecken

Parfümerist Nenad zieht schneller als sein Schatten, wenn es um eine kostenlose Duftdusche geht. Kein Wunder bei den ruhigen Händen, mit denen er bei Sava seine Essenzen jongliert.

man aber Glück und findet zwischen den bunten Blüten auch ein, zwei Trödelstände. Eine Garantie für anwesende Händler gibt es natürlich nie.
Zrenjaninski put 28, T 011 271 19 19, www.bgpijace.rs, Bus 43, 95, 96, 101, 104, 105, 106, 111: Blok Branka Momirova, tgl. 6–19 Uhr

GESCHENKE, DESIGN, KURIOSES

Der Grenouille von Belgrad
Parfimerija Sava 🛡 Karte 2, C 1
Wer diesen Laden betritt, versteht sofort, woher Patrick Süskind die Inspiration für seinen Roman »Das Parfüm« genommen hat. Dieser kleine, über 70 Jahre alte Familienbetrieb ist ein wahres Wunder. Die schweren Holzregale sind gefüllt mit großen Flaschen voller Duftessenzen und wenn Sie dem Besitzer ihr liebstes Parfüm zum Schnuppern zeigen, wird er Ihnen spontan einen vielleicht noch besseren, aber ganz sicher einmaligen Duft zusammenmischen.
Kralja Petra 75, T 011 263 28 69, @parfimerija_sava, Straßenbahn 2, 5, 10, Bus 24, 26, 79: Kralja Petra, Di–Fr 11–16, Sa 10–14 Uhr

Perfektion im Makel
Gallery 1250° 🛡 Karte 2, D 4
Handgemachte und -bemalte Porzellaneinzelstücke eines lokalen Künstlerinnen-Kollektivs finden Sie in diesem kleinen Laden in Čumić. Am sympathischsten ist, dass es nicht nur schicke Teller und Tassen gibt, sondern auch Teile in bewusst unperfektem Design.
Čumićevo sokače lok. 56, T 064 258 84 21, http://gallery1250.com, Bus 16, 27E, 35, 58, 95, E6: Dom omladine, Bus 26, 27, 31, E2, E9, EKO2: Terazije, Mo–Fr 12–20, Sa 11–17 Uhr

Keine harte Nuss
All Nut 🛡 Karte 2, D 4
Sie finden, Nüsse werden unterschätzt? Nicht in diesem Naturkosmetikladen, dessen sämtliche Produkte auf Kernen und Nüssen basieren, u. a. Öle, Seifen, Lotionen oder Haarpflegeprodukte. Und das Pflaumen-, Aprikosen- und Haselnussmehl darf sogar für Speisen verwendet werden.
Čumićevo Sokače 25, T 064 263 82 10, T 060 442 47 77, allnut.rs, Bus 16, 27E, 35, 58, 95, E6: Dom omladine, Bus 26, 27, 31, E2, E9, EKO2: Terazije, Mo–Fr 12–20, Sa 11–17 Uhr

Stöbern & entdecken

RICHTIG GUTE NACHT

In der warmen Jahreszeit (sowie als Spezialausgabe auch zu Weihnachten) findet einmal im Monat (meistens am letzten Freitag) der **Belgrader Nachtmarkt** statt. An wechselnden Locations gibt es bis Mitternacht Imbissbuden, Bier, variierend Livemusik und DJ-Playlists und vor allem: Stände ohne Ende. Neben den üblichen Markt-Nahrungsmitteln sind vor allem auch immer die Designer vertreten, die keine eigenen Läden haben und ihre Nischenprodukte wie z. B. Holzschmuck (@eseldesign) oder Brieftaschen aus Papier (@blejboj_novcanici) nur online oder in ausgesuchten Läden mit anderen Kreativen anbieten.
www.facebook.com/beogradskinocnimarket, Eintritt frei

Keramik Marke Eigenbau
Boya Porcelain 🛍 G 4
Im Laden von Bojana Brkić finden Sie nicht nur schöne Stücke aus Porzellan, die die Künstlerin selbst komplett ohne Maschinen und per Hand geformt und glasiert hat. Sie können sogar im Rahmen eines zweistündigen Workshops Ihre eigenen Teller, Tassen und Schalen herstellen.
Carigradska 7, T 069 259 58 88, www.boyaporcelain.com, Bus 37: Vojvode Dobrnjca, Bus 16, 27E, 32E, 35, 43, 58, 95, E6: Džordža Vašingtona, Mo–Fr 11–19 Uhr

Naturheilkunst
Mediflora 🛍 außerhalb H 8
Die Apotheke in Familienbetrieb stellt seit 2007 ihre Elixierchen, Extraktchen und Teechen selbst aus Kräutern her. Für die fleißigen Innovationen in der Pflanzenheilkunde gab es u. a. schon die Goldmedaille der Weltorganisation für geistiges Eigentum.
Bulevar kralja Aleksandra 228, T 011 380 62 81, mediflora.rs, Straßenbahn 5, 6, 7, 14: Pijaca Đeram, Mo–Fr 9–20, Sa bis 16 Uhr

MODE, ACCESSOIRES

Omas hippes Service
Remake Home 🛍 G 4
2009 haben Malerin Antea und Kostümbildnerin Jovana damit begonnen, altes Porzellan kreativ umzugestalten. Inzwischen designen sie nicht nur neues Geschirr, sondern auch T-Shirts und Accessoires mit viel Liebe und Kreativität.
Gundulićev venac 24, T 011 324 26 33, www.remakehome.net, Bus 37: Gundulićev venac, Mo–Fr 13–19, Sa 12–16 Uhr

Flohmarkt im Hochpaterre
Šmizla Vintage & Design Store
🛍 Karte 2, C 1
Irgendwann muss man den unzähligen Aufklebern, die in der ganzen Stadt verteilt pappen, einfach in diesen Laden in einer Altbauwohnung folgen. Hat man sich reingeklingelt, taucht man in ein Eldorado aus Schallplatten, Kleidung, Accessoires und wunderbarem Kitsch ein. Beeindruckend ist vor allem die Sammlung Hunderter Retro-Sonnenbrillen – wer hier nichts findet, dem ist nicht zu helfen.
Zmaja od Noćaja 14, T 011 262 16 99, @vintage.smizla, Bus 29, 31, E9, EKO2: Studentski trg, Straßenbahn 2, 11, Bus EKO2: Kalemegdan, Mo–Sa 12–20 Uhr

Retro mit Stil
Vintage LUX boutique
🛍 Karte 2, C 4
In diesem etwas versteckten Laden findet sich alles von Schuhen und Bekleidung über Accessoires und Hüte bis hin zu Koffern und Taschen. Sämtliche Teile sind originale Gebrauchtwaren, die nicht nur super in Schuss sind, sondern auch gelebte Retroliebe demonstrieren. Und schick sind sie auch noch.
Maršala Birjuzova 9, T 060 737 76 43, @vintage_lux_butik, Bus 16, 27E, 35, 65, 77, 95, E6, EKO1: Zeleni venac, Mo–Fr 10–20.30, Sa/So 11–17 Uhr

Bunt und bekloppt
Atelje Petlja 🛍 Karte 2, C 1
Betrieben von zwei äußerst talentierten Frauen, ist dieser kleine Laden randvoll

Stöbern & entdecken

Selten sorgen derart viele dunkle Brillengläser für so sehr leuchtende Augen wie im Vintage-Wunderland Šmizla.

mit Schmuck und Mode, wobei es viele der Stücke auch nur hier zu erwerben gibt. Wenn Schleifen oder komplett außergewöhnliche Kleidung ihren Geschmack treffen, dann aber nichts wie hin!
Višnjićeva 4, www.facebook.com/ateljepetlja, Straßenbahn 2, 5, 10, Bus 24, 26, 79: Kralja Petra, Mo–Fr 12–20, Sa bis 17 Uhr

Kunst und Klamotte
Art for all 🛍 Karte 2, A 2/3
Wollten Sie nicht auch schon immer während einer Anprobe Malerei begucken? In der Galerie von Marija Milošević (nicht verwandt mit dem Exdiktator) wird neben Gemälden auch Garderobe ausgestellt und verkauft. Kunst hat eben viele Gesichter – oder Kostüme.
Kralja Petra 4, T 063 42 19 58, artforallgallery.com, Bus 15, 16, 27E, 35, 60, 65, 67, 68, 71, 72, 75, 77, 84, 95, E6, EKO1: Brankov Most, Mo–Fr 11–20, Sa 11–16 Uhr

T-wie-Trend-Shirts
DechkoTzar Flagship Store
🛍 Karte 2, B 3
Was 2001 als Merchandising für die Band Red Zamaja begann, wurde schnell so beliebt, dass der Weg zur Marke vorgezeichnet war. Inzwischen darf eine der ersten serbischen T-Shirt-Marken offizielle Belgrad-Souvenirs designen, wobei jede Kollektion nach wie vor limitiert ist.
Gračanička 16, T 063 760 02 98, www.dechkotzar.com, Bus 16, 27E, 35, 65, 77, 95, E6, EKO1: Zeleni venac, Mo–Fr 9–20, Sa bis 18, So 9.30–13.30 Uhr

ÜBRIGENS

Selbst gemachter Schmuck ist in Belgrad groß und beliebt, daher finden sich in unzähligen Lädchen die nötigen Bändchen, Kettchen, Anhängerchen und Verschlüsse für ein paar Cent. Ein paar Anlaufstellen sind: **Piccolino Repro** (🛍 D 6, Lomina 11), **Pozamanterija Krabel** (🛍 außerhalb F 10, Mihaila Gavrilovića 18), das Einkaufszentrum **City Passage** (🛍 Karte 2, C 3, Obilićev venac 18) und **Stylish** im **TC Futura** (🛍 F 8, Nemanjina).

Wenn die Nacht beginnt

ZUM SELBST ENTDECKEN

Ausgehmeilen
Wer Nachtleben in konzentrierter Form sucht, sollte neben den Adressen **Strahinjića Bana** (D 2– F 4) und **Braće Krsmanović** (C 5) vor allem **Cetinjska 15** (F 4) kennen. Rund um den Parkplatz des alten Aleksandar-Brauereigeländes gibt es tagsüber hippe Cafés mit vereinzelten Kulturveranstaltungen und abends laute Musik aus Rechnern oder Instrumenten in einem guten Dutzend Bars und Clubs. Leider nur bis 1 Uhr.

Indoor und outdoor
So einzigartig und auch stimmig Partyflöße sind, so unpraktisch sind sie, wenn es stürmt und schneit. Das gibt es in Belgrad zwar nicht in vielen Monaten, doch Alternativen braucht es trotzdem, weswegen viele Clubs und Diskotheken je nach Jahreszeit an verschiedenen Locations pumpen.

Gegen Schubladenfeiern

Wer in Belgrad mit einem klaren Ziel ausgeht, wird wie auch sonst alle, die in dieser Stadt vorausplanen, sehr wahrscheinlich ganz woanders landen. Zweifeln Sie in dem Fall aber nicht an Ihrer Orientierung, klare Grenzen und Zuschreibungen sind einfach nicht das Ding der Serben. Schon gar nicht, wenn es ums Nachtleben geht.

Es kann durchaus vorkommen, dass Sie in einem Restaurant zu Abend essen und plötzlich eine Gruppe Musiker ihr Liveset aufbaut. Oder der DJ im Club eine Band ankündigt. Oder wie im Falle von Jolly Roger manchmal alles auf einmal und nebeneinander passiert.

Belgrads Nachtleben will sich einfach nicht in Schubladen stecken lassen und wer am Donnerstag eine supercoole Bar mit jazziger Live-Saxofon-Musik entdeckt und am Freitag in freudiger Erwartung wiederkommt, findet sich durchaus auch mal zwischen im Electrobeat auf und ab springenden weißen Hemden und tiefen Dekolletés wieder.

Zugegeben, bei dem stetigen Wandel der Stadt kann es auch sein, dass ein Laden heute plötzlich ein ganz anderer ist als gestern noch. Aber der Grundsatz bleibt, bei Mond- wie bei Sonnenschein: Bleiben Sie neugierig und lassen Sie sich treiben und überraschen. Und das Schönste ist: Es spielt gar keine Rolle, ob Wochentag oder Wochenende ist.

Ordentlich gefeiert wird nur abends – bei Tag ist das Publin eher entspanntes Pub und Café.

Wenn die Nacht beginnt

BARS UND KNEIPEN

Die Welt zu Besuch in Belgrad
Klub der Weltreisenden ☼ F 4/5
Vor der Hochzeit des Internets war diese außergewöhnliche Bar im Keller des Hauses mit dem bunten VW-Bus vor der Tür noch so geheim, dass sie nur fand, wer schon mal dort getrunken hatte. Inzwischen kennt man das Lokal, dessen Regale mit einer wunder- bis sonderbaren Sammlung von Objekten aus aller Herren Länder gefüllt sind. Außerdem gibt es einen Garten.
Bulevar despota Stefana 7, T 011 724 23 03, @cspbeograd, Bus 16, 27E, 35, 58, 95, E6: Skadarska, So–Do 15–24, Fr/Sa bis 1 Uhr

Der Name ist Programm
Samo Pivo ☼ E 6
Wer Bier mag, wird der allgemeinen Meinung wahrscheinlich sofort zustimmen, dass es sich um eine der besten Bars der Stadt handelt. Denn wie der Name andeutet, gibt es hier ›nur Bier‹. Dafür aber über 50 Sorten, u. a. aus Schottland, England, Belgien und Deutschland sowie ganz manchmal sogar echte Seltenheiten.
Balkanska 13, www.samopivo.rs, Bus 26, 27, 31, E2, E9, EKO2: Terazije, So–Do 12–24, Fr/Sa bis 1 Uhr

Bargässchen statt Biergarten
Monk's Bar ☼ G 8
Klar, die Inneneinrichtung der umfunktionierten Wohnung ist cool und die zahllosen auf Leinwand gezogenen Plattencover an den Wänden sind eine Augenweide für Musikfans. Aber seien wir ehrlich, das alles verblasst im Angesicht des Außenbereichs, der in einer schmalen Gasse unter Blätterwerk und Lichterkette liegt.
Kneginje Zorke 71, T 069 118 51 00, @monks.bar, Bus 24: Smiljanićeva, Bus 26, 27, 74, EKO1: Tehnički fakulteti, tgl. 9–1 Uhr

Um Gin und Verstand
Meduza ☼ Karte 2, C 1
Auf der Karte dieser schummrig-lauschigen Bar mit einer überaus gemütlichen zweiten Etage stehen neben den üblichen Spirituosen vor allem mehrere ganz besondere Gin-Kreationen, u. a. mit Kaffee, allen möglichen Beeren oder Minze.
Gospodar-Jevremova 6, T 011 291 09 05, www.facebook.com/meduzabeograd, Straßenbahn 2, 11, Bus EKO2: Kalemegdan, Mo–Do 8–24, Fr bis 1, Sa 9–1, So 10–24 Uhr

Was in Hipster-Metropolen aufwendige Wandgestaltung ist, ist in Belgrads Polet noch schlicht heruntergerockt.

Emotionale Bierdeckelsammlung
Publin ☼ E 6
Hübsche Details wie eine Wand voller internationaler Bierdeckel, ein echter Mammutknochen und Telefonhörer als Zapfhähne sind das Eine. Die Tatsache, dass meine Liebe in und für Belgrad hier ihren Ursprung hat, ist das Andere. In jedem Fall sind Sie in diesem kleinen und jungen Pub mit regelmäßigen Sonderaktionen bestens aufgehoben und aufgenommen.
Lomina 63, www.facebook.com/publin.pab, Straßenbahn 2, 7, 9, Bus 36, 78, 83, A1, E1, EKO2: Savski trg, Bus 52, 53, 56: Kamenička, So–Do 15–24, Fr/Sa bis 1 Uhr

Durchtanzen am Tresen
Tok Bar ☼ C 5
Die Getränkekarte in diesem Laden kann sich genauso sehen lassen wie die stylische Wandbemalung. Und dank weniger Anwohner in der Umgebung können Studierende und Kreative hier bei weit geöffneter Glasfront bis in die Morgenstunden feiern.
Kraljevića Marka 1, T 064 007 13 61, @caffe bartok, Straßenbahn 2, 11, Bus 15, 16, 27E, 35, 60, 65, 67, 68, 71, 72, 75, 77, 84, 95, E6, EKO1: Brankov Most, So–Do 9–24, Fr/Sa bis 2 Uhr

Wenn die Nacht beginnt

Ruhe vor dem Sturm: Die Nacht ist noch jung, wie man an den entspannten Platzverhältnissen in der Tok Bar deutlich erkennen kann. Doch die Plattenteller drehen sich bereits.

LIVEMUSIK

Stehlampenlicht
Polet ☼ F 4
Ja, wie das Fischrestaurant, aber nein, nicht das Fischrestaurant. Wo tagsüber Büchermärkte und Lesungen stattfinden, spielen abends zwischen Stehlampen und Gemälden Akustik-Coverduos und Rockabilly-Bands. Eine meiner absoluten Empfehlungen.
Cetinjska 15, T 011 322 52 17, www.facebook.com/polet.art.district, Straßenbahn 2, 5, 10, Bus 79: Pijaca Skadarlija, Mo–Do 8–24, Fr bis 1, Sa 16–1, So bis 24 Uhr

Wenn Schauspieler feiern
Đura Cafe Bar ☼ G 4
Dass eine Truppe Schauspieler das alte Ladengeschäft übernommen hat, hat dieser Gegend einen dringend nötigen Zuwachs an Ausgehkultur beschert. Meistens können Sie hier gemütlich sitzen, trinken und die oft überaus interessanten Leute beobachten, aber regelmäßig gibt es auch überaus talentierte Menschen mit Musikinstrumenten zu hören.
Venizelosova 62, www.djurabar.rs, Bus 37: Vojvode Dobrnjca, Bus 16, 27E, 32E, 35, 43, 58, 95, E6: Cvijićeva, So–Do 8.30–1, Fr/Sa bis 2 Uhr, Veranstaltungen lt. Programm

Jazz mit Geschichte
Vox Blues Club ☼ Karte 3, B/C 2
Mit Gründung im Jahr 1995 gehört dieser Jazz- und Blues-Club zu den echten Institutionen Belgrads. Neben fast täglichen Konzerten in stimmiger Atmosphäre ist das Lokal auch Mitbegründer eines Vereins zur Förderung der (Belgrader) Bluesszene, dem u. a. Van Morrison als Ehrenmitglied angehört, und Mitorganisator der Festivals Blues Days und Vox Winter.

Wenn die Nacht beginnt

Lješka 26, T 011 254 35 62, www.voxbluesclub.com, Bus 23, 37, 51, 52, 53, 58, 85, 87, 88, E2: Kirovljeva, Bus 55, 56, 89, 91, 92, 511, 551, 553, 860: Čukarica, Mo–Do 18–24, Fr/Sa bis 1 Uhr

Musik mit Aussicht
Sinnerman ☼ E 5
Der höchste Jazz-Club der Stadt bietet vom Dach des Dom Sindikata nicht nur einen tollen Ausblick, sondern auch eine große Terrasse, um ihn entsprechend zu genießen. Die Musik ist weniger jazzig als vielmehr bunt gemischt. Ein Schild gibt es nicht, nehmen Sie den Eingang links neben Bezistan und dann einen der Fahrstühle in den 7. Stock.
Trg Nikole Pašića 5, T 011 333 53 50, @sinnermanjazzclub, Bus 24, 37, 44, 58, EKO1: Pionirski park, Bus 31, E9, EKO2: Terazije, Mo–Do 9–24, Fr bis 1, Sa 15–1, So bis 23 Uhr, Livekonzerte und Eintritt lt. Programm

Studentenrocken
Klub studenata tehnike ☼ H 7
Mit Bestehen seit 1954 darf sich der Studentenklub wohl zurecht als den ältesten Club in diesem Teil Europas bezeichnen. Das Live- und Partyprogramm ist abwechslungsreich, von Rock und Pop auf der Bühne bis hin zu Kostüm- und Neujahrspartys. Das Publikum ist erwartungsgemäß jung und aufgeschlossen.
Bulevar kralja Aleksandra 73, T 011 321 83 91, www.kst.org.rs, Straßenbahn 2, 5, 6, 7, 12, 14: Vukov spomenik, Bus 26, 27, 74, EKO1: Tehnički fakulteti, Livekonzerte und Eintritt lt. Programm

Wildes Varieté
Lafayette Cuisine Cabaret Club
☼ B 3
Eines der neuesten Belgrader Ausgehhighlights ist dieses schillernde Eventrestaurant in Beton Hala. Pariser Joie de vivre präsentiert sich hier nicht nur in den abwechslungsreichen Bühnenshows, sondern auch mit der französisch-asiatischen Gourmetküche. Das Ganze hat zwar seinen Preis und eine recht strenge Kleiderordnung, aber es lohnt sich!
Karađorđeva 2-4, T 060 111 12 11, www.lafayette.rs, Straßenbahn 2, 11: Pristanište, Tickets ab 3600 RSD/Person

LICHTSPIELE

Für Filmfans ist Kino in Belgrad ein Paradies – wenig Werbung, nur (serbisch untertitelte) Originalversionen, und umgerechnet 8 € für drei Stunden 3-D im Multiplex sind schon außergewöhnlich teuer! Die beste Technik für Blockbuster hat Cineplexx in diversen Shopping-Centern (www.cineplexx.rs), aber mein Favorit ist das deutlich intimere Indiekino **Tuckwood** (☼ F 6, Kneza Miloša 7a, www.tuck.rs) in dessen kuscheligen Räumlichkeiten RTS früher Aufnahmen produziert hat.

Filme unter freiem Himmel
Im Sommer wird auch in verschiedenen Rahmen Freiluftkino veranstaltet: **Open Air Cinema by Superstar** auf dem Dach des Shoppingcenters Galerija (www.galerijabelgrade.com), von der **Jugoslovenska Kinoteka** und Mobilfunkanbieter A1 auf dem Dach des **Dom Vojske** (www.kinoteka.org.rs) und vom **Novi Bioskop Zvezda** (www.facebook.com/novibioskopzvezda). Das Programm ist bunt gemischt, es gibt serbische wie auch internationale Klassiker und Neuerscheinungen, für kleines Geld oder sogar kostenlos.

TYPISCH BELGRAD

Tito feiert mit
Pavle Korčagin ☼ außerhalb H 8
Gefeiert wird in Serbien seit jeher in den Kafanas, mit Bier, Rakija, deftigem Essen und immer unter lautem Mitsingen der Volkslieder, die musikalische Trios oder Quartette vortragen. Dieses Lokal voller jugoslawischer Reliquien wie einer großen Tito-Büste ist eines der besten dafür. Dabei überrascht vor allem die Textsicherheit der Mittzwanziger. Den Betreibern gehören in näherer Umgebung noch drei weitere Kafanas mit ähnlichem Ambiente (s. Website).

Wenn die Nacht beginnt

Ćirila i Metodija 2a, T 011 240 19 80 (am Wochenende unbedingt reservieren!), kafana pavlekorcagin.rs, Straßenbahn 2, 5, 6, 7, 12, 14, Bus 27, 32, 66, 74, ADA4, EKO1: Vukov spomenik, Mo–Fr 7.30–1, Sa ab 10, So 11–23 Uhr, Eintritt frei

Belgrader Bierbrauer
Dogma Brewery & Tap Room
⚙ Karte 3, C 2
2016 gegründet von zwei Kindheitsfreunden hat diese Craftbrauerei sich zu einem der größten Bierexporteure Serbiens gemausert. Und nirgendwo schmecken die zahllosen kreativen Mischungen besser als in ihrem Tap Room in einer alten Zuckerfabrik, wo dazu noch beste deftige Pubkost gereicht wird. Wer Flüssiges einpacken darf, sollte unbedingt ein paar der kunstvoll gestalteten Dosen als Souvenirs mitnehmen!
Radnička 3, T 011 407 29 65, dogmabrewery.com, Bus 23, 37, 51, 52, 53, 55, 56, 85, 85, 87A, 88, 89, 91, 92, 511, E2: Ada Ciganlija, tgl. 12–24 Uhr

Galerie der Größen
Zappa Barka ⚙ A 9
Auf diesem Clubfloß am Ufer der Save ist die junge und durchmischte Tanzmeute eher lässig als gelackt. Die Musik bewegt sich trotz der überall präsenten Konterfeis musikalischer Größen wie Tom Waits, Prince oder Namensgeber Frank Zappa schon eher in populäreren Dance-Mix-Sphären. Unter der Woche gibt es aber auch extrem beliebte serbische Bands live zu erleben.
Sajamski kej bb, T 064 010 80 11, www.facebook.com/zappabarka, Bus 3A, 36, 46, 51, 511, 601, EKO2: TC Galerija, So–Do 21–2, Fr/Sa bis 4 Uhr, Eintritt je nach Veranstaltung

Schnaps und Kunst
Rakia Bar ⚙ Karte 2, D 2
Kaum mehr als ein Flur im Untergeschoss, aber dafür eine Karte mit um die 50 verschiedenen Sorten des serbischen Nationalgetränks, u. a. Minze oder Anis & Kardamom. Die vielen Malereien, die die wenigen Wände füllen, können Sie bei Interesse kaufen. Aber entscheiden Sie sich vielleicht am besten vor dem Alkoholgenuss.
Dobračina 5, T 011 328 61 19, www.rakiabar.com, Bus 24, 26, 27, 28, 29, 31, 32E, 37, 41, 44, E2, E9, EKO2: Trg republike, Mo–Do 9–24, Fr/Sa bis 1 Uhr

TANZEN

Alternativsilos
Silosi ⚙ Karte 3, C 1
Die Lage in einem alten Hafenindustriegebiet ist mindestens genauso cool wie das Konzept: Ein paar alte Lagersilos am Donauufer wurden Anfang der 2020er zu einem Kulturzentrum umgewandelt, es gibt Cocktails, die man in Liegestühlen genießen kann, Fassadenklettern und Community Events. Und abends wird dann Open Air alles zwischen Electro und R'n'B aufgelegt und gefeiert.
Dunavski kej 46, silosi.rs, Bus 26: Dorćol/Dunavska, So–Do 11–24, Fr/Sa bis 2 Uhr

---

OPER UND THEATER

Unbedingt lohnenswert ist eine Vorstellung auf einigen der bedeutenden Brettern der Stadt. Bei einigen Stücken und Opern wird englisch untertitelt, das sollte man vorher erfragen. Die teuersten Karten für das **Nationaltheater Belgrad** (Narodno pozorište, ⚙ Karte 2, D 3, www.narodnopozoriste.rs), das **Jugoslawische Schauspielhaus** (Jugoslovensko dramsko pozorište, ⚙ F 7, http://jdp.rs), das **Belgrader Schauspielhaus** (Beogradsko dramsko pozorište, ⚙ außerhalb H 9, www.bdp.rs) und das **Atelje 212** (⚙ F 5, http://atelje212.rs) sind bereits für 1000 bis 1800 RSD zu haben. Auch im **Terazije-Theater** (Pozorište na Terazijama, ⚙ E 5/6, http://pozoristeterazije.com) machen Sie mit 2200 RSD für die teuersten Plätze wenig falsch.

Wenn die Nacht beginnt

In der Tranzit Bar in Savamala wird gefeiert, wo andere gearbeitet haben. Dass den Angestellten in den Hallen aber auch nicht mal eine Discokugel vergönnt war …

Clubben in Winter und Sommer
Hype & Leto ☼ Karte 2, A 4; A 9
Diese beiden miteinander verbundenen Locations wechseln sich saison- und wetterbedingt ab, was das Feiern Belgrad-Style angeht. Im Winter bringt das schicke Partyvolk im Club in Savamala die Wände zum Wackeln und im Sommer unter freiem Himmel das Feierfloß unweit Ada-Brücke und Belgrader Messe.

☼ Karte 2, A 4: Karađorđeva 46, hypebelgrade.com; ☼ A 9: Bulevar Vojvode Mišića bb (Sajamski kej), www.leto-splav.com, T 065 449 55 55, Mi–Sa ab 23 Uhr, Sonntagsmatinee ab 18 Uhr, Eintritt frei, Reservierung empfohlen, Tische teils Mindestbestellwert

Fabrikparty
Dim ☼ F 4
Das gleiche Team, das auch den Club Drugstore betreibt, hat in einer Fabrikhalle einer alten Brauerei eine coole Clubbar in Industrial-Ambiente eingerichtet. Ab dem späten Nachmittag kann man hier schon entspannt was trinken, bevor abends dann internationale DJs auflegen.

Cetinjska 15, T 061 136 91 99, www.facebook.com/dimbeograd, Straßenbahn 2, 5, 10, Bus 79: Pijaca Skadarlija, Mi/Do 17–24, Fr/Sa bis 1 Uhr

Nicht nur auf der Durchreise
Tranzit Bar
☼ Karte 2, A 4
Lässig, aber keine Sportkleidung, lautet der Dresscode in diesem alten Lagerhaus in Savamala. Die meisten der Gäste sämtlichen Alters kommen da sicherheitshalber direkt aufgeschickt. Das Programm variiert auch hier zwischen Livebands und internationalen DJs.

Braće Krsmanović 8, T 065 352 22 52, www.instagram.com/tranzit_bar, Bus 15, 16, 27E, 35, 60, 65, 67, 68, 71, 72, 75, 77, 84, 95, E6, EKO1: Brankov Most, Mi–So 23–4 Uhr, Eintritt lt. Programm

Feieralternative
Klub Shlep ☼ A 9
Inmitten der zahlreichen Belgrader Clubs, in denen mehr oder weniger strenge Dresscodes herrschen, gibt dieses Partyboot auf der Save sich deutlich entspannter. »Come as you are« lautet das Motto, und die Feiergemeinde tut das bei gut gemischter Musik lässig bis alternativ.

Sajamski kej, @klub_shlep, Bus 3A, 36, 46, 51, 511, 601, EKO2: TC Galerija, So, Di–Do 19–1, Fr/Sa 21–4 Uhr, Öffnungszeiten und Eintritt abhängig vom Programm

Hin & weg

ANKUNFT

…mit dem Flugzeug
Der **Nikola-Tesla-Flughafen** (Karte 3, A/B 1/2, T 011 209 40 00, www.beg.aero) gut 18 km westlich vom Zentrum wird von vielen Fluglinien direkt angeflogen.
Shuttle: Der Minibus A1 fährt zwischen 6 und 19 Uhr alle 20–30 Minuten von der Ankunftshalle ab und bringt Sie in einer halben Stunde für 300 RSD bis zum Trg Slavija in Vračar.
Bus: Zwischen 30 und 40 Minuten brauchen die Linienbusse 72 (Zeleni Venac) und 600 (Hauptbahnhof Beograd Centar), Tickets kosten 150 RSD.
Taxi: Um Touristen nicht direkt bei der Ankunft die Laune mit tricksenden Taxifahrern zu verderben, hat die Stadt Standardpreise für die Fahrt ins Zentrum festgelegt (ab 3000 RSD). Nennen Sie dazu am Taxischalter Ihre Adresse und Sie bekommen eine Quittung mit dem entsprechenden Preis, die Sie dann im Taxi vorzeigen.

…mit Bahn und Fernbus
Mit dem Zug kommen Sie am neuen und modernen Hauptbahnhof **Beograd Centar** (Karte 3, C 2) an, von wo aus Sie mehrere Buslinien nehmen können.
Ende 2024 wurde der schicke neue **Zentrale Busbahnhof BAS** (Beogradska Autobuska Stanica, Karte 3, B/C 2) eröffnet, der sich direkt neben dem Bahnhof Novi Beograd befindet. Er wird von vielen Fernbuslinien angefahren (u. a. Eurolines, Flixbus, Srbija Tours). Von hier können Sie in sämtliche Teile Serbiens starten.

EINREISEBESTIMMUNGEN

Ausweispapiere: Für die Reise nach Serbien benötigen deutsche, österreichische und Schweizer Staatsangehörige für touristische Reisen bis zu drei Monaten Dauer nur Personalausweis oder Reisepass. Auf diese Dauer werden von den serbischen Behörden auch Aufenthalte im Kosovo angerechnet. In Belgrad müssen Sie sich innerhalb von 24 Stunden am Ort des Aufenthaltes polizeilich anmelden. Dann bekommen Sie als Nachweis eine polizeiliche Bescheinigung (sog. White Card) ausgestellt, die Sie (manchmal) bei der Ausreise, aber auch bei Kontrollen im Land vorlegen müssen. Bei Unterkunft in einem Hotel wird die Anmeldung von diesem übernommen. Wohnen Sie privat, sprechen Sie mit Ihrem Vermieter oder Ihrer Vermieterin. **Minderjährige** unter 16 Jahren dürfen grundsätzlich nur mit einem Reisebegleiter und Einverständniserklärung der Eltern nach Serbien einreisen. Kinder geschiedener Eltern benötigen eine entsprechende Erklärung des Elternteils mit dem Sorgerecht. Auch allein reisende Minderjährige ab 16 Jahren brauchen eine beglaubigte Einverständniserklärung beider Eltern bzw. des Sorgeberechtigten. Empfehlenswert ist eine Kopie der (internationalen) Geburtsurkunde und ggf. des Sorgebeschlusses.

INFORMATIONEN

Touristinformationen:
TIP Airport: Karte 3, A/B 1/2, Nikola-Tesla-Flughafen, T 011 209 78 28, tgl. 9–21.30 Uhr
TIP Kneza Mihaila: Karte 2, C 2, Knez Mihailova 56, T 011 263 56 22, tgl. 9–19 Uhr

Im Internet
www.tob.rs: Der Internetauftritt des Tourismusbüros Belgrad gibt Ein- und Überblick über Sehenswürdigkeiten, Aktivitäten und Hotels, wenn manche Info auch nicht immer topaktuell ist.

Hin & weg

Wenn alles versagt: Riesenrad fahren! Das geht in dem Vergnügungspark im Kleinen Kalemegdan sogar fast ganzjährig. Mal abgesehen vom tiefsten Winter.

www.beograd.rs: Offizielle Website der Stadt Belgrad mit diversen Infos zu Geschichte, Kultur und Tourismus sowie verschiedenen Fakten über und um die Stadt.

serbia.com: Informationen und vereinzelte Reisetipps für Belgrad gibt es auch auf der offiziellen Website der Republik Serbien.

stillinbelgrade.com: Das englischsprachige Onlinemagazin berichtet regelmäßig und aktuell über Veranstaltungen, Neueröffnungen oder Geheimtipps. Es gibt Hintergrundinfos zu Gastronomie, Lifestyle, Reise und Kultur und es werden auch Touren angeboten.

www.urbanbug.net: Veranstaltungskalender für Belgrad und andere Balkanmetropolen

REISEN MIT HANDICAP

Bei Redaktionsschluss im Herbst 2024 gab es keine spezielle Informationsquelle für Reisende mit Handicap. Busse und Straßenbahnen verfügen nur in seltenen Fällen – wenn man ein modernes Baumodell erwischt – über behindertengerechte Ein- und Ausstiege. Bei öffentlichen Gebäuden wie Restaurants oder Museen kann es vorkommen, ist aber leider nicht der Regelfall. Allgemeine Tipps auf Englisch bietet außerdem disabledtours.com.

UMWELTFREUNDLICH UNTERWEGS

Busse

Mit ca. 130 Linien (www.gsp.co.rs), die zwischen 4 Uhr morgens und Mitternacht verkehren, sind Autobusse und Trolleybusse das wichtigste Verkehrsmittel in Belgrad – und zur Hauptverkehrszeit meistens übervoll. Einen Fahrplan gibt es eigentlich nur an den Starthaltestellen, alles andere hängt von den Fahrern, der Verkehrslage oder dem Gegenwind ab. Hinzu kommen knapp 30 Nachtlinien, die jeweils einmal stündlich fahren.

Tram

Ein knappes Dutzend Straßenbahnen verbindet insbesondere ein paar der Randgebiete mit dem Zentrum. Die meisten Modelle sind bereits seit Jahrzehnten im Einsatz und zuckeln

Hin & weg

Auf zwei Rädern an der Waterfront

eher vorsichtig vor sich hin. Auch die neueren Modelle dürfen kaum schneller fahren, da die alten Schienen das nicht verkraften würden.

Tickets

Die Hauptstadtbewohner führen schon jahrelang einen mehr oder weniger offenen Krieg mit der Ticketpflicht für den öffentlichen Nahverkehr. Der wurde lange Zeit von einem Privatunternehmen gehandhabt und liegt nun wieder in den nicht besondern engagierten Händen der Stadt. **Tickets** bekommen Sie entweder per SMS-Versand von einer serbischen Nummer aus (Preise und Nummern hängen in den Verkehrsmitteln aus), an einem Kreditkartenscanner in manchen Fahrzeugen (der allerdings meistens außer Betrieb ist) oder über die ganz solide gemachte **App Beograd Plus**, die darüber hinaus Infos zu Verbindungen angibt, wenn sie auch so ihre Macken hat. Fahrkarten kosten (theoretisch) ab 50 RSD für 90 Minuten. Oftmals reicht es aber auch, beim Fahrer mit Bargeld anzuklopfen, das der dann unmotiviert abwinkt – so haben Sie zumindest Ihre Bereitschaft signalisiert.

https://belgrade.plus
Auf der Website bekommt man einen Überblick über die Tickets und kann sich die App herunterladen (iOS und Android).

www.eway.rs
Die Homepage spuckt relativ zuverlässig Informationen zu Verkehrslinien und -verbindungen in Belgrad sowie anderen Großstädten der Region aus.

Taxis

Taxis sind eigentlich überall und fast ständig unterwegs. Auch wenn man als Tourist irgendwie immer das Gefühl nicht los wird, dass man hier ausgetrickst wird, hatte ich noch nie schlechte Erfahrungen. Eine Fahrt von 20 Min.

SICHERHEIT UND NOTFÄLLE

Aufpassen sollten Sie auf Ihre Wertsachen vor allem in den oft vollen Bussen und Straßenbahnen. Gerade hier sind Taschendiebe fleißig. Und was weg ist, taucht selten wieder auf.

Notrufnummern
Wer Ambulanz, Feuerwehr oder Polizei anruft, muss Serbisch sprechen können. Englisch hilft hier nur in den wenigsten Fällen weiter.
Polizei: T 192
Feuerwehr: T 193
Ambulanz/Krankenwagen: T 194

Zentrale Kartensperrnummer Deutschland: T 0049 116 116, T 0049 30 40 50 40 50

**Diplomatische Vertretungen
Botschaft der Bundesrepublik
Deutschland:** Kneza Miloša 74-76, T 011 306 43 00, https://belgrad.diplo.de/rs-de
Österreichische Botschaft: Sime Markovića 2, T 011 333 65 00, www.bmeia.gv.at/oeb-belgrad
Schweizerische Botschaft: Bulevar oslobođenja 4, T 011 306 58 - 20 / - 25, www.eda.admin.ch/belgrade

kostet ungefähr 800 RSD und so lange fährt man im Zentrum selten.
Auf Nummer sicher geht man mit den Apps **Yandex Go** und **CarGo** (jeweils für Android und iOS verfügbar), die ähnlich wie Uber Fahrten zu verlässlichen Festpreisen vermitteln.

Fahrräder
Radelfans können Belgrad auch auf zwei Rädern erkunden, die u. a. bei **iBikeBelgrade** (Karte 2, A 2, Karađorđeva 11, T 066 900 83 86, ibikebelgrade.com, April–Okt. tgl. 10–18 Uhr) und **Belgrad Bike Central** (D 5, Gavrila Principa 13, T 062 822 45 28, belgradebikecentral.com, tgl. 10–18 Uhr, ab 350 RSD/Std., 1800 RSD für 24 Std.) zu leihen gibt. Aber seien Sie gewarnt, gerade der Altstadtteil von Stari Grad kann sich als anspruchsvolle Strecke erweisen, da es ständig steil auf und ab geht, Fuß- und Radwege oft in desolatem Zustand sind und die Bevölkerung Fahrräder so wenig in ihrem Bewusstsein hat, dass sie selten darauf vorbereitet ist. Schnappen Sie sich lieber ein stabiles Mountainbike als ein Stadtrad!

STADTRUNDFAHRTEN UND FÜHRUNGEN

Informationen zu Touren finden Sie auf www.tob.rs/en/sightseeing
Per Bus: Anbieter BS Tours (bstours.rs) bringt Sie abhängig vom Zulauf jeden Tag um 11 und 13, ggf. auch 15 und 17 Uhr ab dem Nikola-Pašić-Platz (E 6) für 60–80 Minuten zu verschiedenen Zielen in der Stadt. Audioguides gibt es auch auf Deutsch, Tickets für 1500 RSD müssen vorher in einer der Touristeninformationen gekauft oder reserviert und dann am Bus bezahlt werden.
Per Bus und Boot: Ebenfalls am Nikola-Pašić-Platz (E 6) startet jeden Tag um 17 Uhr die oben beschriebene Bustour, die um eine eineinhalbstündige Bootstour über die Belgrader Flüsse ergänzt wird. Tickets kosten 3000 RSD für Bus und Boot.

TOUREN

Lust auf eine Stadttour der etwas anderen Art? **Belgrade Segway Tours** (www.segwaybeograd.rs) bietet ab 49 € pro Person Touren auf festen Routen als auch individuelle Touren an. Bei escooterbelgrade. com und www.ooterscooter.com können Sie ab 29 € verschiedene Stadtrundfahrten auf **E-Rollern** buchen. Bei Letzterem lassen sich die Flitzer auch einfach so ab 8 € pro Stunde anmieten. Und wenn Sie Ihre Laufschuhe ohnehin im Gepäck haben, wieso dann nicht das Angenehme mit dem Sportlichen verbinden und eine **Belgrade Running Tour** (www.belgraderunningtour.com) mitmachen? Diverse andere Touren, einzeln wie in Gruppen, finden Sie über den Sammelanbieter www.getyourguide.com.

Per Boot: Darüber hinaus haben Sie die Möglichkeit, Belgrad von einem mittelalterlichen Boot aus in den Blick zu nehmen. Die Replik des russischen Ritterbootes Slavjana legt täglich um 16 Uhr in Beton Hala unweit des Lafayette ab. Tickets für 1200 RSD gibt es bei der Touristeninformation. Zu guter Letzt veranstaltet der Jachtclub Kej in Novi Beograd (klubkej.com) tägliche Flussrund- sowie Sonnenuntergangsfahrten von 90 Min. für 1250 RSD.
Zu Fuß: www.belgradewalkingtours.com und https://belgradefreetour.com bieten diverse kostenlose und bezahlte Touren an, die sich entweder bestimmten Stadtteilen (u. a. Zentrum, Zemun) widmen oder einem speziellen Thema, z. B. Ex-Jugoslawien, Untergrund, Architektur, alternatives Belgrad oder eine Kneipentour. Die Führenden machen ihre Sache meistens sehr gut, sprechen einwandfreies Englisch und wissen viel über ihre Stadt zu erzählen, was Touristen oft entgeht.

O-Ton Belgrad

Ćao! & Zdravo! / Ћао! & Здраво!

Hallo! & Tschüss!
beides kann beides heißen

Prijatno! / Пријатно!

Malo sutra! / Мало сутра!

Angenehm & Guten Appetit!
sagt man vor dem Essen und als Verabschiedung in Geschäften

Ljubim! / Љубим!

Träum weiter!
im Sinne von ›niemals!‹

Ich küsse!
Bussi, liebevolle Verabschiedung

Hvala (vam puno)! Хвала (Вам пуно)!

Važi! / Важи!

(Vielen) Dank(e)!
Die ›Vam‹-Variante ist die Sie-Form

Kako si bzw. ste? / Како си bzw. сте?

Ich verstehe (im Gespräch)
Waschi mit langem a und seichtem sch wie in Manege

Wie geht's (Ihnen)?
wörtlich ›Wie du/Sie?‹, wirklich immer die erste Frage nach dem ›Hallo‹

Koliko to košta? / Колико то кошта?

Živeli! / Живјели!

Was kostet das?
Das š wird wie sch ausgesprochen

Prost!
Dschiwelli!

Vidimo se! / Видимо се!

Izvinite & Molim Vas! / Извините & Молим Вас!

Wir sehen uns!
Bis bald!
Freund(schaft)liches Verabschieden

Enschuldigen Sie! & Ich bitte Sie!

Register

A
Ada Mall 98
Ada Ciganlija 8, 11, 64
Ada Safari 67
Akademie der Wissenschaften und Künste 36
Albanija-Palast 53
Aleksandar-Nevski-Kirche 44
All Nut 101
Alte Serbische Nationalbibliothek 23
Altes Palais 50
Ambar 95
Andrić, Ivo 80, 85
Anreise 110
Aquarium/Tropicarium 84
Arkabarka 86
Art for all 103
Atelje 212 108
Atelje Petlja 98, 102
Ausgehmeilen 104

B
Bahn 110
Bajrakli džamija 43
Bajrakli-Moschee 43
Belgrad Bike Central 113
Belgrade Design District 55, 98
Belgrade Inn 88
Belgrader Genossenschaft 28
Belgrader Nachtmarkt 102
Belgrader Philharmonie 36
Belgrader Schauspielhaus 108
Belgrader Stadtmuseum 80
Belgrade Running Tour 113
Belgrader Zoo 38
Belgrade Segway Tours 113
Belgrade Tower 10, 25
Belgrade Walking Tours 113
Belgrade Waterfront 7, 9, 24, 25, 55
Beli Dvor 63
Beograđanka 56
Beograd Centar 110
Beogradska Filmharmonija 36
Beogradska Zadruga 28
Beogradsko dramsko pozorište 108
Beton Hala 27
Bezistan 50
BIG Fashion 98
Bistro Grad Hometown Food 96
BITEF-Theater 44
Blauer Zug 63
Bloom 91
Blumenmarkt Krnjača 100
Bombondžija Bosiljčić 100
Botanička bašta Jevremovac 84
Botanischer Garten Jevremovac 84
Botschaften 112
Boya Porcelain 102
Braće Krsmanović 104
Büchergasse 99
Bulevar kralja Aleksandra 10
Burrito Madre 94
Bus 110, 111

C
Cara Dušana 10 41
Casa Nova 96
Castellan-Turm 40
Cepter, Madlena 75, 78
Cetinjska 15 99, 104
Ciglana Klub 83
City Passage 103
Compass River City 86
Crkva Ružica 40
Crkva Svetog Aleksandra Nevskog 44
Crkva Svetog Marka 52
Čumić 55
Cvijić, Jovan 80

D
Damad Ali-pašino turbe 40
DechkoTzar Flagship Store 103
Dedinje 11, 60
Delfi 99
Delijska česma 35
Delta City 98
Denkmal der Schlüsselübergabe 39
Denkmal für den Despoten Stefan Lazarević 40
Despotova kapija sa Dizdarevom kulom 40
Đinđić, Zoran 36
Dim 109
Diplomatenkolonie 61
Dogma Brewery & Tap Room 108
Domaccini 99
Dom des Heiligen Sava 57
Dom jevrema Grujića 79
Dom Sindikata 50
Donau 10, 12, 75, 84, 86
Dorćol 10, 41
Dorćol-Platz 82
Drugstore 83
Dunavski kej 84
Đura Bar 106
Džumhur, Zuko 45

E
Einreisebestimmungen 110
Eintrittspreise 80
E-Roller 113
Ethnografisches Museum 78
Etnografski muzej 78

F
Fahrrad 26, 66, 113
Ferdinand 91, 96
Fernbus 110
Festung Belgrad 10, 37
Floh- und Straßenmärkte 100
Flughafen 110
Free Walking Tour 82
Freskengalerie 43
Führungen 82, 113

115

Register

G
Galerie des Nachlasses Milica Zorić und Rodoljub Čolaković 72
Galerija 25, 98
Galerija fresaka 43
Galerija Graficki kolektiv 50
Galerija ULUS 35
Gallery 1250° 101
Gardoš-Turm 75
Garni Hotel Bohemian 87
Geneks Kula 69
Genex-Turm 69
Glavna Pošta Srbije 52
Glogovac, Nebojša 85
Goethe-Institut 34, 82
Good People Hostel 89
Gradić Pejton 59
Green House Hostel 86

H
Hari's 91
Hauptbahnhof 28
Hauptpostamt 52
Hauptquartier der Luftwaffe 81
Haus der Blumen 11, 61
Haus des Spirta 77
Haus von Jevrem Grujić 79
Historisches Archiv Belgrad 80
Hleb i kifle 94
Hotel Bristol 28
Hotel Calisi 88
Hotel Moskva 54
Hotel Prag 88
Hotel Skala 87
Hram Svetog Save 57
Hype 109

I
iBikeBelgrade 26, 113
Ikarus-Global-Gebäude 69
Informationen 110
Internationales Belgrader Theaterfestival BITEF 44
Internet 110
Ivo-Andrić-Museum 78

J
Jastrebačka Priča 99
Javni akvarijum i tropikarijum Beograd 84
Jazzayoga 92
Jevrejski istorijski muzej 43
Jolly Roger 95, 104
Jovanović, Paja 80
Jüdisches Historisches Museum 43
Jugoexport-Gebäude 32
Jugoslawien 10, 81
Jugoslawisches Archiv 80
Jugoslawisches Schauspielhaus 57, 108
Jugoslawisches Filmarchiv 79
Jugoslawisches Verteidigungsministerium 81
Jugoslovenska kinoteka 79, 107
Jugoslovensko dramsko pozorište 57, 108
Jump Inn 89

K
Kafe Kozmetičar 91
Kafeterija 92
Kalemegdan 10, 37
Kalenić-Markt 11, 59
Kapela Svetog Andreja Prvozvanog 63
Kapelle des Hl. Apostel Andreas 63
Kapor, Momo 36, 85
Karađorđeva 75
Karađorđević-Dynastie 60
Kathedrale des Heiligen Michael 20, 22
Kej Oslobođenja 75
Kinetico 85
Kino 52, 82, 107
Kirche des Hl. Markus 52
Klub der Weltreisenden 105
Klub književnika 94
Klub Shlep 109
Klub studenata tehnike 107
Kneza Mihaila 10, 33
Komanda vazduhoplovstva 81
Konak Kneginje Ljubice 21
Königlicher Palast 63
Königliches Anwesen 62
Königliches Schloss 11
Kosančićev Venac 20
Kraljevski dvor 63
Kraljevski kompleks 62
Kuća Đura Jakšić 48
Kula Gardoš 75
Kulturni centar Grad 25
Kulturzentrum GRAD 25
Kvaka 22 82
KZ-Museum Banjica 80
KZ Sajmište (Semlin) 73

L
Lafayette Cuisine Cabaret Club 107
Lazarević, Stefan 39
Leila Records 99
Le Petit Piaf 89
Lesetipps 5, 43, 54, 63, 77
Leto 109
Little Bay 96
Livemusik 26, 95, 106
Lorenzo I Kakalamba 96

M
Madlenianum 75
Magacin 24, 25
Majstor i Margarita 94
Mali Kalemegdanski Park 38
Manaks Haus 80
Marquise Hotel 89
Mayka 93
Mediflora 102
Meduza 105
Mercure Belgrade Excelsior 87
Miamiam 97
Mihailo III. 23, 30, 33, 39
Militärmuseum 39
Miljakovac 100
Milošević, Slobodan 36, 61, 63, 81
Miss Depolo 87
Monk's Bar 105

Register

mts Dvorana 50
mts-Halle 50
Museum der Illusionen 79
Museum der serbisch-orthodoxen Kirche 23
Museum des 25. Mai 61
Museum des Nationaltheaters 79
Museum für angewandte Kunst 21
Museum für zeitgenössische Kunst 11, 71
Museum Jugoslawiens 61
Muzej Iluzija 79
Muzej Jugoslavije 61
Muzej Narodnog pozorišta 79
Muzej primenjene umetnosti 21
Muzej romske kulture 79
Muzej savremene umetnosti 71
Muzej Zepter 78

N
Nahverkehr 111, 112
Narodna biblioteka Srbije 58
Narodna skupština Republike Srbije 50
Narodnj muzej 31
Narodno pozorište 31, 108
Nationalbibliothek 58
Nationales Filmarchiv 32
Nationaltheater Belgrad 31, 32, 108
Nationalversammlung 49, 50
NATO 81
Neuer Friedhof 85
Neues Palais 51
New Reset 95
Nikola-Pašić-Platz 10, 49
Nikola-Tesla-Museum 59, 80
Nikola Tesla Muzej 59
Notrufnummern 112
Novi Beograd 11, 40, 55, 65, 68, 86
Novi Bioskop Zvezda 55, 82, 107

Novo groblje 85
Novy dvor 51

O
Obilićev venac 34
Obrenović, Mihailo 10
Obrenović, Miloš 21, 24
Oliva 93
Open Air Cinema by Superstar 107
Open Shopping Center 100
Oper 108
Osmatračnica sa Kajmakčalana 51
Oxford Centar 99

P
Pädagogisches Museum 78
Palace-Park 21
Palast Serbiens 9, 69
Palata Albanija 53
Palata Srbije 69
Parfimerija Sava 101
Park-šuma Zvezdara 84
Park Topčider 63
Park Vojvode Vuka 20
Parkwald Zvezdara 84
Pašić, Nikola 49
Patriarchenpalast 23
Patrijaršija 23
Pavle Korčagin 107
Pedagoški muzej 78
Piccolino Repro 103
Pijaca Kalenić 59
Pionirski Park 51
Platz der Republik 10, 29
Pobednik 40, 120
Polet 94, 105, 106
Polizei 112
Pozamanterija Krabel 103
Pozorište na Terazijama 108
Preise 86, 90
Public House Hotel 89
Publin 104, 105

R
Radfahren 26, 66
Radio Televizija 81

Radost Fina Kuhinjica 93
Radović, Ranko 59
Rai Urban Vege 93
Rakia Bar 108
Ratnički dom 32
Reisen mit Handicap 111
Remake Home 102
Residenz der Fürstin Ljubica 21, 80
Restoran Enso 95
Roma-Museum 79
Rosandić, Toma 49, 80
Rosenkirche 40
Royal Inn 88
RTS-Zentrale 81

S
Saborna crkva Svetog Arhangela Mihaila 22
Sahat kapija 39
Sahat kula 39
Sahat-Tor 39
Sahat-Turm 39
Salon des Museums für Zeitgenössische Kunst 72
Samo Pivo 105
Sava-Center 70
Savamala 10, 24
Savamala (B&B) 87
Save 10, 12, 24, 40, 55, 64, 86
Save-Promenade 69
Savesee 65
Savski Trg 28
Savsko Jezero 65
Schloss Weißer Hof 63
Sekulić-Ikonensammlung 80
Serbische Küche 5, 90
Serbische Nationalversammlung 49, 50
Serbisches Nationalmuseum 31
Sicherheit 112
Sinnerman 107
Silosi 108
Skadarlija 45
Skadarska 10, 45
Slavija-Platz 57
Šmizla 102, 103
Smokvica 92
SMS Bodrog 25

Register

Spice Up Shop 100
Splavs 5, 86
Spomenik knezu Mihailu Obrenoviću 30
Spomen muzej Ive Andrića 78
Spomen obeležje predaje ključeva 39
Srbije 81
Srpska akademija nauka i umetnosti 36
Stadtrundfahrten 113
Stara Hercegovina 94
Stara Narodna Biblioteka Srbije 23
Stari Dvor 50
Stari Grad 10, 20, 86
Štark 77
Strahinjića Bana 44, 104
Street Pasta Bar 97
Štrik kafe knjižara 85
Strogi Centar 83
Studentski park 10
Stylish (TC Futura) 103
Super Donkey 93

T

Tamper Specialty Coffee & Brunch 91
Tanjug 35
Tašmajdan 10
Tašmajdan park 52, 84
Taxi 110, 112
Tegla Bar 92
Terazije 10, 29, 50, 53, 54
Terazije-Terrassen 55
Terazije-Theater 54, 108
Terazijska Terasa 55
Tesla, Nikola 120

Theater 108
Tito, Josip Broz 11, 60, 61
To je to 94
Tok Bar 105, 106
Topčider-Park 11
Touristinformation 110
Townhouse 27 88
Tram 111
Tranzit Bar 109
Trg Nikole Pašića 49
Trg Republike 29, 33
Trg Slavija 10, 57
TT Bistro 91
Tuckwood 107
Türbe des Damads Ali Pascha 40

U

Ušće-Park 69, 72
UŠĆE Shopping Center 98

V

Vegan/Vegetarisch 5, 93
Veliki Kalemegdanski Park 38
Veliko Ratno Ostrvo 9
Vergnügungspark im Kleinen Kalemegdan 111
Vila Maska 97
Villa 1927 87
Villa Petra 89
Vintage 98
Vintage LUX boutique 102
Vojni muzej 39
Vox Blues Club 106
Vračar 10, 56

Vukov spomenik 10, 85
Vuk-und-Dositej-Museum 80

W

Walter 94
Wandgemälde 23, 28, 36
Wassersport 64
Wohnhaus von Schriftsteller und Maler Đura Jakšić 48
Woiwod-Vuk-Park 20, 21
Wok Republic 96, 97

Y

Yugodom 87
Yugotour 26
Yugovinyl 99

Z

Zappa Barka 108
Zavičaj Balkanska 93
Železnička stanica 28
Železnička stanica Topčider 63
Železnička stanica Vukov spomenik 85
Zemun 11, 74
Zemun Buvljak 100
Zemun-Clan 36
Zemunski kej 75
Zentraler Busbahnhof BAS 110
Zentraler Militärklub 32
Zepter-Museum 78
Zgrada Generalštaba 81
Zgrada Jugoslovenske banke 32
Zvezda 55, 82

Das Klima im Blick

Reisen bereichert und verbindet Menschen und Kulturen. Wer reist, erzeugt auch CO_2. Der Flugverkehr trägt in erheblichem Maße zur globalen Erwärmung bei. Wer das Klima schützen will, sollte sich – wenn möglich – für eine schonendere Reiseform entscheiden oder die Projekte von atmosfair unterstützen. Flugpassagiere spenden einen kilometerabhängigen Beitrag für die von ihnen verursachten Emissionen und finanzieren damit Projekte in Entwicklungsländern, die dort den Ausstoß von Klimagasen verringern helfen (www.atmosfair.de). Auch die Mitarbeiter des DuMont Reiseverlags fliegen mit atmosfair!

Abbildungsnachweis | Impressum

Bildnachweis
Titelbild: Balkon an der ›Barmeile‹ der Strahinjića Bana in Dorćol
Umschlagklappe hinten: Blick von der Festung auf die Save

iStock.com, Calgary (CA): S. 120/4 (Sarenac)
Katarina Vukoman, Belgrad: S. 120/5
laif, Köln: S. 120/6 (ARCHIVIO/GBB Contrasto); Umschlagklappe hinten, 51, 64 (Dietmar Denger); 63 (hemis.fr/Gil Giuglio); 27 (Redux/Danielle Villasana); 56, 67 (Toma Babovic)
Matthias Pasler, Berlin: S. 43, 83
Mauritius-Images, Mittenwald: S. 8/9 (Alamy/Ivan Nesterov); 60 (Alamy/Bratislav Stefanovic); 80 (Alamy/ES Travel); 120/2 (Alamy/The Picture Art Collection)
picture-alliance, Frankfurt a. M.: S. 120/3 (APA-Archiv/picturedesk.com/Ulrich Schnarr)
Sanja Kostić, Belgrad: Umschlag, Faltplan, Umschlagklappe vorn, 4 o., 4 u., 7, 12/13, 14/15, 16/17, 23, 24, 31, 35, 36, 37, 39, 40, 45, 47, 48, 49, 53, 57, 68, 69, 71, 73, 74, 78/79, 85, 86, 88, 90, 91, 92, 97, 98, 100, 101, 103, 104, 105, 106, 109, 111, 120/9
Shutterstock.com, Amsterdam (NL): S. 41 (Alex Linch); 55 (aliaksei kruhlenia); 20 (Bada1); 29 (BalkansCat); 44 (ColorMaker); 59, 95 (Finn stock); 112 (frantic00); 75 (Ihi); 33 (kirill_makarov)
Wikimedia Commons: S. 120/7 (CC BY-SA 2.0/si.robi); 120/1 (CC BY-SA 3.0/Manfred Werner/Tsui); 120/8 (CC-BY-SA 3.0/Bundesarchiv, Bild 183-H0627-0018-001)
Zeichnungen: S. 5 (Antonia Selzer, St. Peter); 2, 11, 31, 39, 48, 51, 73 (Gerald Konopik, Mammendorf)

Kartografie
© KOMPASS-Karten GmbH, A-6020 Innsbruck;
MAIRDUMONT, D-73760 Ostfildern

Lob oder Kritik? Wir freuen uns auf eine Nachricht! Trotz gründlicher Recherche schleichen sich manchmal Fehler ein. Wir bitten um Verständnis, dass der Verlag dafür keine Haftung übernehmen kann.
Redaktion DuMont Reise · MAIRDUMONT · info@dumontreise.de

DuMont direkt Belgrad, 2., aktualisierte Auflage 2025
ISBN 978-3-616-00111-1
© MAIRDUMONT, Marco-Polo-Str. 1, 73760 Ostfildern
Alle Rechte vorbehalten
Text: Matthias Pasler
Redaktion/Bildredaktion: Doreen Reeck
Gestaltung: Eggers+Diaper, Potsdam
Printed in Poland

Kennen Sie die?

9 von 1 700 000 Belgradern

Marina Abramović
Die in Belgrad geborene Künstlerin erregte mit der Performance »Rhythm 0« Aufsehen, bei der sie sechs Stunden stillstand und Besucher 72 Gegenstände, von einer Feder bis zum geladenen Revolver, an ihr benutzen durften.

Mihailo Obrenović III.
Der serbische Fürst (1823–68) vertrieb die osmanischen Besatzer und wollte die Balkanstaaten vereinen. Seine Statue auf dem Platz der Republik ist Belgrads beliebtester Treffpunkt. Er fiel einem Mordkomplott zum Opfer.

Christine von Kohl
Die dänische Autorin und Journalistin lebte von 1968 bis 1985 als Nachrichtenkorrespondentin in Belgrad und trat vor allem nach dem Zusammenbruch Jugoslawiens als Balkan-Expertin in Erscheinung.

Pobednik (›der Sieger‹)
Am Terazije inmitten Belgrads wegen seiner Nacktheit unerwünscht, steht das Denkmal heute im Park der Festung. Inzwischen ist es zu einem Symbol für die Hauptstadt geworden.

Nataša Kekanović
Kennengelernt habe ich die Künstlerin und gebürtige Kroatin im Strogi Centar. Ihre farbenfrohen und außergewöhnlichen Acryl-Porträts hängen an diversen Locations in Belgrad.

Nikola Tesla
Neben dem Tesla-Museum, das seinen gesamten Nachlass beherbergt, ehrt Belgrad den Elektrotechnik-Revolutionär u. a. mit einer Statue. Der Flughafen der Stadt trägt ebenfalls seinen Namen.

Novak Đoković
Der gebürtige Belgrader (*1987) ist einer der besten Tennisspieler aller Zeiten, er gewann u. a. 24 Grand-Slam-Titel und die Goldmedaille im Einzel bei Olympia 2024.

Gojko Mitić
Der als Indianerdarsteller in unzähligen DEFA-Filmen bekannt gewordene Schauspieler absolvierte in den 1950er-Jahren in Belgrad sein Sportstudium.

Streuner
Belgrad ist bevölkert von Tausenden heimatloser Hunde und Katzen, die friedlich durch die Straßen spazieren und von tierlieben Belgradern gefüttert werden.